© Heyne

Andreas Wunn, Jahrgang 1975, studierte Politikwissenschaften in Berlin und Tokio und lebte längere Zeit in den USA und Bolivien. 2003 begann er als außenpolitischer Reporter beim ZDF. Von 2005 bis 2007 moderierte er dort die Sendung »heute in Europa« und vertretungsweise das »auslandsjournal«. Anschließend managte er als Chef vom Dienst der Chefredaktion das Informationsprogramm des Senders. Seit 2010 ist Andreas Wunn der Südamerika-Korrespondent des ZDF und leitet das ZDF-Studio in Rio de Janeiro.

Andreas Wunn

In Brasilien geht's ohne Textilien

Ein Deutscher in Rio de Janeiro

WILHELM HEYNE VERLAG
MÜNCHEN

Verlagsgruppe Random House FSC®N001967
Das für dieses Buch verwendete
FSC®-zertifizierte Papier *Holmen Book Cream*
liefert Holmen Paper, Hallstavik, Schweden.

3. Auflage
Originalausgabe 02/2013

Copyright © 2013 by Wilhelm Heyne Verlag, München,
in der Verlagsgruppe Random House GmbH
Redaktion: Ulrike Nikel
Umschlaggestaltung: Eisele Grafik · Design
Umschlagillustrationen: Isabel Klett
Satz: Buch-Werkstatt GmbH, Bad Aibling
Druck und Bindung: GGP Media GmbH, Pößneck
Printed in Germany 2014
ISBN: 978-3-453-60251-9

www.heyne.de

Mein brasilianischster Moment

Nein, mein Hemd ausziehen kann ich jetzt nicht. Obwohl ich es gerne würde. Es klebt klatschnass an meinem Rücken. Bis eben spürte ich noch den Schweiß, wie er zwischen Hemd und Rücken langsam meine Wirbelsäule herunterlief. Jetzt nicht mehr. Das Hemd ist komplett durchgeschwitzt, wie ein Feuchtverband klebt es an mir. Und ein zweites habe ich leider nicht dabei.

Es ist heiß. Unglaublich heiß. Weit über 30 Grad müssen es sein, die Schwüle liegt schwer in der Luft. Und das, obwohl es schon spät ist. So gegen zehn, ich weiß es nicht genau. Ich habe das Gefühl, dass ich bereits seit Stunden hier bin. Meine Beine schmerzen. Ich bin die Bewegungen nicht gewohnt, die Sambaschritte. Ich schwitze. Sehr. Zum Glück ist mein Hemd dunkel. Wäre es hellblau, würde man unter meinen Armen große Schweißflecke erkennen können. Allerdings würde das außer mir wohl keinen stören.

Es ist nicht nur heiß, sondern auch laut. Trommelschläge wummern durch die Halle. Ich werde sie bestimmt noch in meinen Ohren dröhnen hören, wenn ich später längst im Bett liege. Um mich herum überall Menschen. Alte, junge, dicke, dünne, schwarze, weiße. Sie tanzen, sie singen, und sie strecken die Arme in die Höhe. Manche fast wie in Trance, einer glücklichen

5

Trance. Das hier ist Lebensfreude pur, schießt es mir durch den Kopf. Und dass ich Durst habe. Ich brauche etwas zu trinken. Ein Wasser. Oder doch lieber einen Schluck Bier, *estupidamente gelada,* wie sie hier in Brasilien sagen. Kalt wie blöd. Egal wo man hinkommt in Brasilien, eiskaltes Bier gibt es immer.

Auch wenn sich das jetzt nicht so anhört, ich bin bei der Arbeit. Eine Kamera kreist um mich herum. Philippe, mein Kameramann, schwitzt nicht weniger als ich. Claus, mein Producer, steht daneben und schwitzt ebenfalls. Wir drehen gerade, wie ich Samba tanzen lerne. Mehr oder weniger. Die Halle ist voll. Es dürften ein paar Hundert Leute sein. Das hier sieht aus wie eine riesige Party, ist aber eine Probe. Die sonntägliche Probe der Sambaschule »Imperatriz Leopoldinense«. Sie üben für Karneval.

Wir dürfen dabei sein, und ich soll bei verschiedenen Gruppen mitmachen. Ich habe schon an der großen Trommel gestanden und die *bateria,* die Trommlergruppe, dirigiert – sie kam eigentlich ganz gut ohne mich klar. Dann mit der Fahnenträgerin getanzt und die Fahne geküsst. Wir wollen darüber berichten, wie sich eine Sambaschule auf die große Parade im Sambodrom vorbereitet. Und wie ein Gringo, also ich, sich dabei anstellt. Jetzt tanze ich mitten in der Menge und versuche, meine Füße fliegen zu lassen. Vor und zurück. Meine Hüfte bewegt sich immer schneller, probiert es zumindest. Die Arme nicht vergessen. Die Schultern locker.

Ich lebe in Rio de Janiero und berichte als Korrespondent aus Brasilien und ganz Südamerika. Rio verändert sich gerade rasant. Eine Stadt, in der das Endspiel der Fußball-WM und die Olympischen Spiele stattfinden werden. Und Brasilien ist ein Land, dessen viel beschworene Zukunft allmählich Gegenwart wird. Alles befindet sich im Aufbruch.

Rio de Janeiro besuchte ich zum ersten Mal als Zwanzigjähriger. Ich stand auf dem Corcovado-Berg, am Fuße der Christusstatue, war fasziniert von dem Panorama und dachte damals: Rio muss die schönste Stadt der Welt sein. Heute denke ich das immer noch. Eine natürliche Schönheit. Rio macht es einem Fremden leicht, sich in diese Stadt zu verlieben. Und es ist sehr schwer, hier nicht glücklich zu werden.

Ich werde in Brasilien eigentlich überall mit offenen Armen empfangen. Vor allem von den Cariocas, den Einwohnern von Rio. *Tudo bem? Tudo bem!* Alles klar? Alles klar! Und das, obwohl ich ein Gringo bin. Man sieht es mir von Weitem an und hört es, sobald ich den Mund aufmache. Gut, ich bin nicht aus den USA, das wäre schlimmer. Ich komme aus Deutschland. Deutscher Fußball, deutsche Arbeitsmoral, deutscher Winter, deutsche Regeln – all das löst bei einem Brasilianer sowohl Unbehagen als auch Mitleid aus. Und dass ich ein Gringo bin, erkennt man nicht nur an meinem Aussehen – meine Haare sind dunkelblond – und meinem Verhalten, sondern auch an meinen Bewegungen. Vor allem wenn ich tanze. Doch hier lässt sich niemand etwas anmerken. Manchmal schaut jemand zu mir herüber und nickt mir aufmunternd zu. Hier darf jeder mitmachen.

Jetzt kommt João auf mich zu, ein Mitarbeiter der Imperatriz, der uns während der Dreharbeiten betreut. Er ist den ganzen Abend nicht von unserer Seite gewichen. Eine Sambaschule ist bestens organisiert, und es ist nicht einfach, eine Drehgenehmigung zu bekommen. Aber wie so oft in Brasilien erscheint erst alles ganz schwierig und wird plötzlich ganz leicht. Auf einmal geht alles. Wir haben inzwischen schon mehr als genug gedreht. Mehr als erwartet. Doch was jetzt kommt, darauf war ich wirklich nicht vorbereitet.

Vorne tanzen die *passistas,* eine Art Vortänzerinnen. Die schönsten Frauen der Sambaschule. Schlank, halb nackt, mit fantasievollen Kostümen und üppigem Federschmuck wirbeln sie jedes Jahr bei der großen Parade durch das Sambodrom. Zur Probe heute haben sie noch kein Kostüm angelegt. Sie tragen ein uniformiertes Outfit in der grünlichen Farbe der Imperatriz: enges, schulterfreies Top, Minirock und hochhackige Schuhe. Mit unglaublicher Energie und Schnelligkeit feuern sie ihre Sambaschritte in den Boden. João gibt ihnen ein Zeichen, breitet die Arme aus und zeigt auf mich. Sie verstehen sofort.

Mit schnellen Schritten gleiten sie auf mich zu und nehmen mich in ihre Mitte. Ein halbes Dutzend brasilianischer Schönheiten hat es auf mich abgesehen. Sie tanzen mich an und lassen ihre Hüften kreisen. Manchmal werden sie einen Tick langsamer, gehen leicht in die Knie und wiegen ihre Oberkörper nach innen und wieder nach außen. Ihre Arme schweben nach oben und nach unten, dunkle Locken fliegen umher. Wohin ich mich auch drehe, ich sehe nur noch braun gebrannte, durchtrainierte Körper. Auf ihren Dekolletés liegt ein dünner Schweißfilm. Alle sind schön. Ich tanze mit, so gut es geht, fühle mich wie im Rausch. Mir ist heiß, mein Herz klopft, ich bin außer Atem. Sie fixieren mich mit herausforderndem Blick. Die Sambamusik wird immer lauter. Wir tanzen immer enger. Ohne uns auch nur ein einziges Mal zu berühren.

João gibt ihnen ein weiteres Zeichen, und sie driften wieder auseinander. Zum Abschied sehen mich alle noch einmal flirtend an. *»Impressionante«,* rufe ich ihnen zu, bedanke mich lachend und applaudiere ihnen. Sie tanzen von mir weg.

Und ich denke nur: Besser kann es eigentlich nicht werden. Das ist mein brasilianischster Moment. Von jetzt an geht's bergab.

Antonio und die brasilianische Aufzugphilosophie

Mein erster Tag in Brasilien, ein Sonntagmorgen Ende September. Regen statt Sonne. Ich war in Frankfurt am Main in den Flieger gestiegen und kam zwölf Stunden später übernächtigt im Morgengrauen in Rio de Janeiro an. Präsentierte bei der Passkontrolle mein frisch ausgestelltes Journalistenvisum, nahm meine Koffer vom Gepäckband und ärgerte mich zum ersten Mal – wie später regelmäßig bei Abflug und Ankunft – über die kaum funktionstüchtigen Gepäckwagen am internationalen Flughafen Galeão, die sich kaum schieben lassen, schon gar nicht um die Kurve.

Abgeholt wurde ich von Fernando, unserem Fahrer im ZDF-Studio, dessen Auto allerdings eine Viertelstunde lang nicht ansprang. Als wir endlich das Flughafenparkhaus verlassen konnten, flogen auf dem Weg Richtung Südzone links und rechts die Betonleitplanken der Schnellstraßen an mir vorbei. Dahinter endlose Favelas, denen der starke Regen zusetzte. Hoch oben rechts vor mir tauchte aus den Nebelschwaden kurz die Christusfigur auf. Alles wirkte grau und nass und schwül. Fernando sagte: »Es ist schlimm, wenn es in Rio regnet.«

Mein erster Eindruck von Rio de Janeiro. Bei Regen schien die Stadt wie gelähmt. Wie eine Sommerkulisse hinter Glas. Verschwommen, mit Regentropfen auf der

Scheibe. Niemand war auf der Straße. Nur ein paar Autos peitschten durch die Pfützen. Cariocas, die Einwohner von Rio de Janeiro, sehen keinen Sinn darin, bei solchem Wetter aus dem Haus zu gehen. Immer wenn es regnet, nimmt die Stadt sich eine Auszeit.

Damals wusste ich das allerdings noch nicht, hatte auch keine Zeit, über die leeren Straßen nachzudenken. Wichtigeres stand an. Zuerst musste ich in meine angemietete Wohnung in Leme, einem kleinen Stadtviertel direkt neben Copacabana. Strandnähe. Außer einer Matratze und einem Einbauschrank gab es dort keine Möbel. Der Container mit meinen Sachen schipperte noch irgendwo auf dem Atlantik herum. Kurz rein in die Wohnung, einen Blick darauf werfen. Ich schaute aus dem Fenster und sah statt Strand nur tief hängende Regenwolken. Eilig packte ich meine Sachen um, stieß mir dabei den Kopf an der Tür des Schlafzimmerschranks und hetzte mit Beule und Koffer runter zu Fernando, um mich von ihm zum ZDF-Studio fahren zu lassen.

Dort setzte ich mich kurz mit meinen neuen Mitarbeitern zusammen, besprach mit ihnen das Notwendigste, und dann ging es schon wieder los. Wir flogen nach Chile, um über die dreiunddreißig eingeschlossenen Bergarbeiter in der Atacama-Wüste und die Rettungsmaßnahmen zu berichten. Das sollte mich die kommenden Wochen beschäftigen. Erst danach begann mein Abenteuer Rio de Janeiro. Mein neues Leben in Brasilien.

»Wie? Du hattest in Deutschland keine Haushälterin?«
Rosangela war ernsthaft erstaunt und fragte sich

wohl für einen Moment, ob ich einen Scherz gemacht hatte.

»Nein, keine Haushälterin«, sagte ich, »nur eine Putzfrau. Die kam aber bloß alle zwei Wochen für ein paar Stunden. Sie putzte und bügelte, und das war's.«

»Und den Rest hast du selbst gemacht?«

»Mehr oder weniger.«

»Und wer hat für dich gekocht?«

»Niemand.«

Rosangela war verwirrt. Wir standen auf meinem Balkon, die Sonne schien. Gerade hatten wir besprochen, was sie mir heute und für die nächsten Tage kochen würde. Sie bereitet immer mehrere Gerichte zu, die ich mir entweder abends zu Hause aufwärme oder zum Mittagessen mit ins Studio nehme. Fisch ist problemlos bei ihr, auch Fleisch und Bohnen. Beim Salat hingegen muss man schon genau sagen, was man sich da vorstellt.

Eine Haushälterin zu haben ist – offen gesagt – ein Luxus, an den ich mich erst mal gewöhnen musste. Rosangela, Mitte fünfzig, mit stämmiger Figur und kurzem, leicht gelocktem dunklen Haar, in dem sich erste graue Strähnen zeigen, kommt zweimal in der Woche zu mir nach Hause. Sie wohnt auf der anderen Seite der Guanabara-Bucht in der Nähe von Niterói. Morgens, kurz vor fünf, nimmt sie den Bus nach Rio de Janeiro, trifft dann gegen halb sieben bei mir ein. Da sie einen Schlüssel hat, werkelt sie schon in der Küche herum, wenn ich aufstehe. Sie bleibt immer bis zum frühen Nachmittag und erledigt alles, was in der Wohnung so anfällt. Und da ich im ersten Moment gar nicht wusste, was das alles sein könnte, bekam ich von Rosangela ein wenig Nachhilfe.

Sie hatte schon für mehrere Gringos in Rio de Janeiro gearbeitet und machte mir ein paar durchaus attraktive Vorschläge: putzen, Geschirr spülen, Wäsche waschen, bügeln, Staub wischen, einkaufen, kochen. All das könne ich getrost ihr überlassen, meinte sie. Nach ein paar Arbeitstagen traute sie sich auch an meine Kleiderschränke und ordnete mit geradezu preußischer Disziplin alles neu. Plötzlich sahen die Fächer und Regale aus, als habe ein Bundeswehrspieß auf Ecstasy seinen Ordnungsrausch ausgelebt. Die Hemden waren frisch gebügelt und nach Farben geordnet. Die Schuhe standen in Reih und Glied, selbst meine neuen brasilianischen Havaianas-Flipflops, sieben verschiedene Modelle, lagen akkurat im Schrank. Paarweise aufeinandergestapelt. Wie mit dem Lineal vermessen. »Ihr Gringos habt es doch gerne ordentlich«, sagte Rosangela stolz, als ich sie verwundert und anerkennend zugleich auf die exzessive Neuordnung meiner Garderobe ansprach.

Nun war es für einen Gringo wie mich anfangs keinesfalls leicht, diese Art von Rundumservice einfach zu genießen. So etwas kannte ich schließlich nicht und könnte es mir in Deutschland gar nicht leisten. Das funktioniert nur in einem Schwellenland wie Brasilien, wo Arbeitskraft billig ist. Ich profitierte also letztlich schamlos von Klassenunterschieden und sozialer Ungleichheit, sagte ich mir. Schlechtes Gewissen quälte mich. Ich wurde zum geplagten Gutmenschen, der auf einmal alle Ungerechtigkeiten dieser Welt zweimal in der Woche an seiner Spüle stehen sah.

Auf der anderen Seite mochte ich auf diesen Komfort nicht verzichten, zumal es in Brasilien durchaus üblich ist, eine Haushälterin zu haben. Selbst mit durchschnittlichem Einkommen. Deshalb beschloss ich, zumindest ein perfekter Arbeitgeber zu sein. Viel besser und netter als all die anderen ausbeuterischen Brasilianer, die ihre Hausangestellten tagein, tagaus knechten und sogar in Uniförmchen herumlaufen lassen. Bei mir darf Rosangela Shorts und T-Shirt tragen. Und immer wieder sage ich mir, dass sie sicherlich schon Schlimmeres erlebt hat, als meine Wohnung zu putzen. Mit elf Jahren begann sie als Hausmädchen zu arbeiten, wohnte während der Woche sogar bei ihren Arbeitgebern. Das Geld, das sie verdiente, musste sie ihrer Mutter abgeben.

So gesehen ein Aufstieg. Um mein schlechtes Gewissen zu beschwichtigen, brachte ich ihr von meinen Reisen kleine Geschenke mit, von meinem ersten Weihnachtsbesuch in Deutschland echte Nürnberger Lebkuchen. Ständig habe ich ihr angeboten, dass sie sich am Kühlschrank bedienen, sich zu essen und zu trinken nehmen soll, was immer sie will. Schließlich sei sie es ja auch, die das Essen koche. Doch jedes Mal lehnte sie ab. Und nie würde sie sich zu mir an den Tisch setzen. Aber wir duzten uns, wie fast alle in Brasilien.

Ich gab also alles, um anders zu sein als ein von dienstbaren Geistern verwöhnter Brasilianer. Dabei sind meine Wohnung und das ganze elfstöckige Haus komplett für Hausangestellte und ein Zweiklassensystem ausgelegt. Das beginnt schon mit den Aufzügen, deren Benutzung streng geregelt ist. Vorne gibt es den *elevador social,* den offiziellen Aufzug, für die Bessergestellten, also für die Bewohner des Hauses und deren Gäste, während die Dienstboten sowie Lieferanten und Handwerker den hinteren Aufzug, den *elevador de serviço,* benutzen müssen. Und jede der rund zwanzig Wohnungen hat einen Vorder- und einen Hintereingang, der direkt zu den passenden Aufzügen führt.

Da ich im obersten Stock wohne, enden die Aufzüge direkt in meiner Wohnung. Der Serviceaufzug landet quasi in meiner Küche. Durchquert man die schlauchartige Küche, steht man vor einer Tür, die in einen winzigen Flur führt, von dem wiederum zwei noch winzigere Kämmerchen abgehen. Eigentlich bloß Verschläge mit einer eingebauten Holzpritsche, siebzig Zentimeter breit und einen Meter neunzig lang, und einem kleinen Einbauschrank. Fertig. Mehr Platz ist nicht, denn insgesamt misst dieser Miniraum kaum drei Quadratmeter. Hier wohnten und schliefen früher die Hausangestellten. Apartheid in Architektur gegossen. Ich ziehe eine andere Nutzung vor und lagere dort meine beiden Strandklappstühle, einen alten Sonnenschirm und ein Beachballspiel. Außerdem befindet sich zwischen Küche und Hinterausgang eine Dienstbotentoilette mit karger Dusche. Rosangela benutzt nur diese – nie käme sie auf die Idee, das Bad vorne aufzusuchen. Und nie würde sie mit dem »falschen« Aufzug fahren.

Das Zweiklassendenken ist tief verwurzelt im brasilianischen Alltag. Das lernte ich gleich zu Beginn, als ich mir in einem Möbelgeschäft in Rio de Janeiro ein Sofa bestellte. Zwar war der Container mit meinen Möbeln und Umzugskisten aus Deutschland nach wochenlangem Hin und Her endlich vom brasilianischen Zoll freigegeben worden – was letztlich nur deshalb so lange dauerte, weil ich kein Schmiergeld zahlte –, aber ein Sofa fehlte mir noch. Mein altes hatte ich in Deutschland gelassen. Die Lieferung des neuen erfolgte an einem meiner Haushälterinnentage.

»Andreas, das Sofa kommt«, rief Rosangela.

Es war noch früh am Morgen, und Rosangela hatte über das Haustelefon den Anruf des Portiers entgegengenommen. Der Möbelwagen sei vorgefahren, zwei Männer würden das Sofa jetzt hochtragen. Insofern kein Problem, als es geradeso hochkant in den hinteren Aufzug passte. Sie bekamen es oben auch wieder heraus und durch den Hintereingang, doch in der Küche begann das Problem. Das gute Stück ging nicht durch die Tür zum vorderen Teil der Wohnung. »Nichts zu machen«, sagte fachmännisch einer der Möbelpacker.

Also alles wieder zurück. Aus der Küche in den Flur und zum Aufzug. Aufzugtür auf, Sofa rein, Aufzugtür zu. Als Sofa und Träger wieder auf dem Weg nach unten waren, meinte Rosangela: »Durchs Treppenhaus passt es bestimmt.« Ich wohne im elften Stock, es war drückend heiß an jenem Morgen, in den Gängen und Fluren stand die Luft. »Wieso durchs Treppenhaus?«, fragte ich. »Die sollen es einfach mit dem anderen Aufzug probieren. Ist doch einfacher, und vorne sind die Türen breit genug.«

»Das geht nicht, Andreas, den dürfen sie nicht benutzen.« Rosangela stemmte die Hände in die Hüften und sah mich tadelnd an.

»Schon klar, aber wenn man das Sofa nur so nach oben kriegt …«

»Trotzdem. Das geht nicht.«

»Das heißt, die tragen das Sofa jetzt die Treppe hoch?« Ich konnte es kaum glauben.

»Ja, es gibt keine andere Möglichkeit.«

»Das darf wohl nicht wahr sein!«

Mein Pragmatismus fühlte sich ebenso herausgefordert wie meine frisch entdeckte Gutmenschmentalität. Ich wusste, dass ich jetzt mit dem einen Mann sprechen musste, der Macht über beide Aufzüge hatte: mit unserem Chefportier.

Antonio ist einer der nettesten Brasilianer, die ich kenne. Etwa Mitte vierzig, mit einem runden, freundlichen Gesicht und vollem schwarzen Haar. Seine Portiersuniform trägt er stets akkurat und frisch gebügelt, schwarze Hose und dunkelblaues Hemd, das am Bauch ein wenig spannt. Am Revers ist der Name unseres Hauses, »Tupi«, aufgestickt.

Ich halte Antonio für einen sehr sentimentalen Menschen, denn seine Augen werden schnell feucht. Wenn man ihm morgens zum Abschied einen schönen Tag wünscht, wirkt er fast gerührt. Fahre ich mit meinem Wagen aus der Tiefgarage, tritt er auf die Straße, hält den Verkehr an, winkt mich erst raus und mir dann zum Abschied nach. Abends bei der Heimkehr hupe ich kurz, damit mir Antonio das Tor aufmacht und ich das Auto in die Tiefgarage fahren kann. Sie ist ungefähr so groß wie anderthalb Tennisplätze. Für siebzehn Autos, die zum Glück nie alle auf einmal drinstehen.

Aber auch so sind die Portiers einen Großteil des Tages damit beschäftigt, die Wagen zentimetergenau hin und her zu rangieren. Oft müssen zwei Autos auf die Straße gefahren werden, damit ein drittes überhaupt aus der Garage rauskommt. Der Mieter muss sich damit nicht aufhalten. Nur reinfahren, den Schlüssel stecken lassen und aussteigen. Dann übernimmt der Portier, fährt den Wagen wieder raus, wendet und setzt schließlich rückwärts rein. Damit das Auto später richtig steht.

Antonio ist, wie gesagt, der Chefportier. Auf sein Kommando hören zwei Kollegen, Sebastião und Manuel. Die drei wechseln sich ab. Tag und Nacht, einer hat immer Dienst. Als Bewohner braucht man keinen Haustürschlüssel. Ich klingele einfach und warte, bis mir die Tür geöffnet wird. Einer von den dreien sitzt auf jeden Fall im Foyer unterhalb der Flurtreppe an einem schmalen Tisch mit kleinem Fernseher, auf dem meistens Fußball läuft. Ein Haus ohne Portier? Für sie einfach undenkbar.

»Hey, Sebastião«, rief Antonio einmal seinem Kollegen zu, »komm mal schnell her.« Wir standen vor der Garageneinfahrt auf der Rückseite des Gebäudes und quatschten. »Andreas hat gerade erzählt, dass es in Deutschland so gut wie keine Portiers gibt.«

Sebastião stützte sich auf seinen Schrubber und schaute verwirrt: »Keine Portiers?«

»Nein«, sagte ich. »Ich habe in Frankfurt in einem Haus gewohnt, da gab es fünf Stockwerke und vielleicht zehn Wohnungen. Aber keinen Portier.«

Antonio und Sebastião warfen sich ratlose Blicke zu. Antonio sagte: »Andreas, wie soll das denn funktionieren?«

»Na ja«, sagte ich, »man muss sich halt um vieles selbst kümmern.«

»Moment mal«, sagte Antonio, mehr zu sich selbst

18

als zu mir oder zu seinem Kollegen. »Stell dir mal vor, hier gäbe es keine Portiers. Andreas, dann würdest du von der Arbeit kommen und müsstest aus dem Auto steigen und dir selbst die Garagentür aufmachen. Dann würdest du nach oben in deine Wohnung fahren, müde von der Arbeit, und vielleicht noch das Treppenhaus putzen. Das wäre aber sehr hart. Das kann man sich ja gar nicht vorstellen.«

Zwei Welten, doch in diesem Moment kam mir das ebenfalls unglaublich hart vor. Antonio schüttelte nachdenklich den Kopf, und Sebastião zog mit seinem Putzeimer weiter.

In einem brasilianischen Wohnhaus ist jedenfalls der Portier ein mächtiger Player, die allwissende Instanz, der diskrete Helfer in der Not. Er sieht, wer ein und aus geht. Wer mit wem um wie viel Uhr nach Hause kommt. Per Haustelefon wird er gerufen, wenn Not am Mann ist. Er repariert tropfende Wasserhähne und ist zur Stelle, wenn der verwöhnte Mieter es nicht schafft, eigenhändig eine Glühbirne auszuwechseln. Er kümmert sich um das Auto und sorgt dafür, dass Treppenhaus und Aufzüge sauber sind. Wenn ein Mieter sich über einen anderen Bewohner beschweren will, klopft er oft nicht an dessen Wohnungstür, sondern ruft den Portier an. Mit diplomatischem Geschick ist es dann an ihm, zwischen beiden Parteien zu vermitteln. Der Portier hält Kontakt zu den anderen Portiers der Straße und ist immer gut informiert über die Ereignisse in der Nachbarschaft. Er hilft sogar betrunkenen Mietern ins Bett – alles schon passiert, versicherte mir Antonio. Ein guter Portier sieht alles und verrät nichts.

Fast alle Wohnhäuser in Rio de Janeiros Südzone haben einen Portier. Und der kontrolliert natürlich auch, wer welchen Aufzug benutzt. Bei uns ist das, wie gesagt, Antonio. Ein paar Wochen nach meinem Einzug nahm er mich freundlich diskret, aber bestimmt zur Seite.

»Andreas, du weißt ja, wie das in Brasilien ist mit den Aufzügen?«

»Klar«, antwortete ich, »der hintere Aufzug ist für die Hausangestellten, der vordere für die Bewohner und deren Besucher.«

»Das stimmt. Aber es gibt da noch ein paar Feinheiten.«

»Aha. Und die wären?«

»Nun, du bist gestern vom Strand gekommen, in Shorts und Havaianas und einem Rest Sand an den Füßen. Dann musst du den Serviceaufzug nehmen.

»Verstehe.«

»Ja, weil deine Shorts nass sind und du sandige Füße hast.«

»Als ich auf dem Weg zum Strand mit dem vorderen Aufzug gefahren bin, hast du nichts gesagt.«

»Da warst du ja noch nicht nass und hattest keinen Sand an den Füßen. Dann kannst du ruhig den vorderen Aufzug nehmen.«

»Okay, alles klar.«

»Allerdings nur wenn du keine Strandstühle dabeihast.«

»Wie jetzt?«

»Wenn du Strandstühle mitnimmst, musst du den Serviceaufzug nehmen, weil du dann ja was transportierst.«

»Also runter, auf dem Weg zum Strand, ohne Stühle

mit dem vorderen Aufzug, runter zum Strand mit Stühlen im hinteren und nach dem Strand rauf, egal ob mit oder ohne Stühle, im Serviceaufzug?«

»Genau.«

»Das ist aber sehr kompliziert, Antonio.«

»Ja«, sagte Antonio entschuldigend, »doch das ist noch nicht alles. Wenn du zum Beispiel einkaufen warst und hast nur eine Tüte dabei, dann kannst du mit dem Vorderaufzug fahren – hast du allerdings mehrere Tüten dabei, solltest du den hinteren nehmen. Oder wenn du zum Beispiel joggen gehst, kannst du zwar zur Not den vorderen Aufzug benutzen, besser wäre eigentlich der hintere wegen der Sportkleidung. Nach dem Joggen musst du auf jeden Fall den Personalaufzug nehmen, weil du ja mit Sicherheit verschwitzt bist.«

Es gab also einen kleinen Unterschied zwischen Strand- und Sportkleidung. Aber ich fragte nicht weiter nach, denn Antonio hörte gar nicht mehr auf: »Mit Haustieren auch immer den hinteren Aufzug nehmen, egal ob hoch oder runter.«

»Ich hab keine Haustiere.« Jetzt wusste ich wenigstens, warum es hinten oft nach Hund stank.

»Ach ja, genau. Dann ist das ja für dich kein Problem«, sagte Antonio. Er lächelte freundlich, tätschelte mir die Schulter und tat so, als würde er mir zuprosten.

Ich war verwirrt und versuchte mir Antonios Ausführungen zu merken. All die vielen Ausnahmen von der Regel, zarte Zwischentöne brasilianischer Wohnhauskultur und Etikette, all die Kombinationen aus Supermarkttüten oder Strandliegen mit Vordertür und Serviceaufzug. Wann was passend war für den normalen Aufzug und wann nicht.

Inzwischen lag das Ganze schon eine Weile zurück. Jetzt fuhr ich im Serviceaufzug nach unten, um Antonio davon zu überzeugen, dass es Schwachsinn sei, mein neues Sofa durchs Treppenhaus nach oben schleppen zu lassen. Als ich unten ankam, wurde es gerade unter den strengen Augen unseres Chefportiers Richtung Treppenhaus gewuchtet.

»Antonio«, rief ich, »wir können das Sofa doch im vorderen Aufzug transportieren. Auf der Vorderseite der Wohnung passt es auf jeden Fall durch die Türen.«

»Aber Andreas, in diesem Aufzug darf nichts transportiert werden«, sagte Antonio leise. Er wirkte enttäuscht, weil ich trotz seines kleinen Vortrags offenbar hinsichtlich der hiesigen Aufzuggepflogenheiten nichts dazugelernt hatte.

»Weiß ich, Antonio, aber die armen Männer müssen das Sofa nun wirklich nicht elf Stockwerke hochschleppen. Vor allem nicht bei der Hitze.«

»Na ja …«

»Komm, wir machen das ganz schnell.« Mein Ton wurde ein klein wenig komplizenhaft, was Brasilianer im Prinzip erst mal interessant finden. Und da Antonio zwar pflichtbewusst, jedoch vor allem ein feiner Kerl ist, willigte er ein.

»Na gut, aber wir erzählen das keinem«, sagte er und legte die Stirn kurz in Falten. Fast hätte ich ihm auf die Schulter geklopft, lief stattdessen mit den guten Neuigkeiten schnell zu den Möbelpackern. »Hey, ihr könnt das Sofa im vorderen Aufzug nach oben bringen.«

»Aber das geht nicht«, meinte einer der beiden.

Langsam wurde ich wahnsinnig. »Kein Problem, ich hab's mit dem Portier geklärt«, beschwichtigte ich sie.

»Na ja, ist nicht wirklich nötig, wir können es auch durchs Treppenhaus hochtragen.«

»Nix!« Ich wurde ungeduldig. »Wir machen das jetzt so, wir nehmen den Vorderaufzug«, sagte ich.

Sie bugsierten das Sofa in die Kabine. Und ich merkte, dass sie sich dabei sichtlich unwohl fühlten. Obwohl Antonio zugestimmt hatte.

Ich weiß nicht, ob andere Mieter mit diesen Aufzuggeschichten ebenfalls ihre Probleme hatten. Wahrscheinlich nicht. Als Brasilianer sowieso nicht. Sind wahrscheinlich gringospezifische Lernprozesse.

Von meinen Nachbarn lernte ich als Erste Carla kennen. Es war ein paar Tage nach meiner Rückkehr vom Chile-Einsatz. Carla ist studierte Tierärztin, so um die dreißig, hier im Haus aufgewachsen, kommt aber inzwischen nur noch am Wochenende her. Sie wohnt dann ein Stockwerk unter mir bei ihrer Mutter und einem alten Onkel. Während der Woche lebt und arbeitet Carla zwei Autostunden von Rio entfernt auf einer Farm, die sie von ihrem Vater geerbt hat. Sie hält dort ein paar Dutzend Kühe und verdient ihr Geld als Milchbäuerin. Mit ihren langen dunkelblonden Haaren sieht sie nicht unbedingt wie eine typische Brasilianerin aus, war auch schon öfter in Europa. Ich traf sie zufällig im Foyer, als ich einmal abends nach Hause kam, und Antonio, der gerade Dienst hatte, ließ es sich nicht nehmen, uns überschwänglich einander vorzustellen.

»Carla, das ist der neue Gringo, von dem ich dir erzählt habe«, sagte er.

»Ich heiße Andreas.«

Carla lachte. Küsschen links, Küsschen rechts. »*Tudo*

bem, Andreas? Ich bin Carla«, sagte sie. »Willst du heute Abend mit auf eine Party kommen?«

»Äh, heute Abend?« Das ging ja schnell.

»Ja, eine Freundin von mir hat Geburtstag, wir gehen feiern.«

Antonio nickte. Er war sichtlich zufrieden mit sich.

»Nun ja, warum nicht? Um wie viel Uhr?«, fragte ich.

»Wir gehen um halb elf los.«

»Alles klar.«

Natürlich war nichts klar, denn auf eine verabredete Uhrzeit darf man sich in Brasilien nie verlassen. Zeit ist hier mehr als relativ. Wer mit deutscher Pünktlichkeit ans Werk geht, wird todunglücklich. All das wusste ich bereits und war gespannt.

Punkt halb elf stand ich bereit und wartete auf Carla. Zu meiner Überraschung war sie pünktlich. Auf ihre Art zumindest. Denn um Punkt halb elf rief sie mich über das Haustelefon an und teilte mir mit, dass es noch eine Stunde dauern würde. Dass sie mir überhaupt Bescheid sagte, betrachtete ich als ihr Zugeständnis an einen überpünktlichen Gringo. Sie kannte sich halt mit Europäern aus.

Kurz vor Mitternacht ging es dann endlich los. Mit Carla und drei Freundinnen. Ich war noch keine Woche in Rio und saß schon mit vier Brasilianerinnen in einem Taxi auf dem Weg zu einer Party. Sie fand in einem kleinen Jachthafen in Botafogo statt, der am Wochenende zum Freiluftclub umgebaut wurde. Mit einem Bier in der Hand trat ich hinaus auf den Steg. Ich sah die dunklen Umrisse des Zuckerhuts.

»Dir ist schon klar, dass Rio die schönste Stadt der Welt ist«, sagte Carla nicht ohne Stolz. Ich hatte sie

nicht kommen hören. Sie hielt ebenfalls eine Flasche
Bier in der Hand. Wir starrten auf den schwarzen
Zuckerhut.

»Ja«, sagte ich, »das ist wohl wahr.«

»Und wir haben hier die schönsten Frauen der Welt.«

»Auch das stimmt.«

»Ich finde, du solltest dir eine brasilianische Freundin suchen. Eine Carioca. Aus Rio.«

»So, findest du?«

»Auf jeden Fall. Brasilianerinnen sind viel einfacher
als deutsche Frauen. Nicht so kompliziert. Für sie ist
es wichtig, ihren Mann glücklich zu machen. Und eine
Familie zu haben. Deutsche Frauen denken vor allem
an ihre Karriere.«

»Na ja, du ziehst das Ding mit deiner Farm doch
selbst ziemlich durch, oder?«

»Ich spreche von einer normalen Brasilianerin.«

»Wir werden sehen«, sagte ich lachend. Zu diesem
Zeitpunkt wusste ich noch nicht, dass ich ein paar Monate später Sophia treffen würde.

Die Party wurde immer voller. Irgendwann tanzten
alle zu einer wilden Mischung aus alten Popsongs, brasilianischem Rock und ein bisschen Samba. Ich trank
ein eiskaltes Bier nach dem anderen. Plötzlich, gegen
drei, brach die Musik jäh ab. Wir standen im Dunkeln. Stromausfall. Erst nach einer guten halben Stunde
konnte der DJ wieder aufdrehen. Carla und ihre Freundinnen tanzten weiter. Ich nahm ein Taxi und fuhr nach
Hause.

Rio von oben

»Wie, Sie wollen nicht zusammensitzen?« Die Dame am Flughafenschalter schaute pikiert.

»Nein danke, bitte drei Gangplätze.«

»Aber Sie reisen doch gemeinsam?«

»Ja, das schon. Bitte geben Sie uns trotzdem einfach drei Gangplätze. Jedem einen.«

Es ist fast jedes Mal das Gleiche. Brasilianer sind in der Regel gesellig und können einfach nicht begreifen, dass Menschen, die sich kennen und ins selbe Flugzeug steigen, nicht nebeneinander sitzen wollen. Genauso aber verhält es sich bei meinem Kamerateam und mir. Wir reisen viel, sehr viel. Durch ganz Südamerika. Und verbringen an einem durchschnittlichen Drehtag durchaus zwölf bis vierzehn Stunden zusammen. Viele Tage hintereinander. Zum Glück arbeiten wir sehr gerne miteinander, doch im Flugzeug will jeder für sich sein.

Natürlich sind wir keine klassischen Brasilianer. Ich schon gar nicht. Aber auch bei den anderen beiden liegt die Sache ein bisschen anders. Philippe, mein Kameramann, ist zwar Franzose, lebt allerdings schon viele Jahre in Brasilien und hat hier zwei erwachsene Kinder. Und Claus, mein Producer, ist ein ganz spezieller Fall: Als Sohn eines deutschen Vaters und einer französischen Mutter wurde er in Rio de Janeiro geboren und wuchs hier auf. Somit ist Claus Carioca und Gringo zugleich, und diese Mischung ist die vielleicht größte Herausforderung, die es im Leben gibt.

Dass wir getrennt sitzen wollen, hat weder mit persönlichen Gründen noch mit unserer Herkunft zu tun. Wir mögen weder den Platz in der Mitte noch den Platz am Fenster. Erstens, weil man die meiste Zeit sowieso nichts sieht, und zweitens, weil man auch sonst nur Nachteile hat. Der Gang ist viel besser, weil man da seine Beine ausstrecken kann und nicht über eine schlafende Leiche steigen muss, wenn man sich mal die Beine vertreten will. Und falls der Schläfer zudem sein noch nicht abgeräumtes Tischchen heruntergeklappt hat, wird es doppelt kompliziert. Entweder man weckt den Sitznachbarn oder versucht, in einer gefährlichen Verrenkung über ihn hinwegzusteigen. Beides kann ungeahnt unangenehme Folgen haben: böse Blicke oder böse Zerrungen.

Wie auch immer. Flüge in Südamerika sind lang und anstrengend, der Service der meisten Airlines dürfte kaum zu unterbieten sein, und pünktliche Abflüge habe ich bisher äußerst selten erlebt. Dafür ist das Kabinenpersonal viel netter als in Europa.

Einmal, im Flieger auf dem Weg zurück von Natal im Nordosten Brasiliens nach Rio de Janeiro, begegnete ich meinem Producer Claus vor der Tür des Cockpits. Ich hatte gar nicht mitbekommen, dass er aufgestanden war, und dachte, er sei auf der Bordtoilette gewesen oder wie ich auf dem Weg dorthin.

»Was machst du hier?«, fragte ich ihn.

»Ich warte auf den Kapitän.«

»Wie, auf den Kapitän?«

»Ich will ihm eine Frage stellen.«

»Wie, eine Frage stellen? Der hat keine Zeit, der muss schließlich fliegen.«

»Ich hab die Stewardess gefragt, ob ich mal kurz mit dem Kapitän sprechen kann.«

»Und jetzt?«

»Jetzt kommt er gleich raus.«

»Wie, der kommt gleich raus?«

Nach ein paar Minuten ging die Cockpittür auf, und der Kapitän erschien. Weißes Hemd, keine Uniformjacke und keine Mütze, aber zweifellos der Pilot.

»*Capitão*«, fing Claus an und holte ein wenig aus. Er kann das sehr gut, denn es gehört zu seinem Job. Als Producer bereitet er all unsere Projekte vor, und das fällt leichter, wenn er nett, charmant und höflich zu den Menschen ist, denen er Informationen entlocken will oder deren Hilfe er braucht. Claus ist darin ein Meister. »*Capitão*, ich hab eine Frage. Als wir von Rio nach Natal geflogen sind, war die Flugzeit eine halbe Stunde kürzer als jetzt auf dem Rückflug. Wie kann das sein?«

Insgeheim hatte ich mich das ebenfalls gefragt, wäre jedoch nie im Leben auf die Idee gekommen, den Flugkapitän bei seiner Arbeit zu stören und ihn aus dem Cockpit herauszubitten. Doch der Mann freute sich offenbar – und holte seinerseits ein wenig aus.

»Das hat mit dem Wind zu tun.«

»So was hab ich mir schon gedacht«, sagte Claus interessiert. Was folgte, war ein Kurzreferat des Kapitäns über Windbedingungen und Großwetterlagen. Es ging um Flugzeiten von Natal nach Rio de Janeiro und umgekehrt. Wir hörten zu und nickten anerkennend.

Als der Vortrag beendet war, schaute der Pilot uns gespannt an, erwartete offensichtlich eine narrative Gegenleistung. Einfach auf unsere Plätze zurückzugehen, das wäre unhöflich gewesen. Deshalb erzählte Claus ihm so ziemlich alles über den Grund unserer Reise, über unseren Dreh, unser Team und über das Zweite Deutsche Fernsehen. Der Kapitän nickte jetzt ebenfalls anerkennend und fragte noch einmal nach, ob er wirklich alle unsere Fragen beantwortet habe und ob Claus tatsächlich Brasilianer sei. Weil er eben nicht unbedingt so aussehe. Claus bejahte stolz: Doch, doch, er sei ein echter Carioca. Die beiden verabschiedeten sich wie alte Freunde. Danach kehrte der Kapitän in sein Cockpit zurück, Claus auf seinen Gangplatz, und ich ging auf die Bordtoilette.

Ich sitze also immer am Gang. Fast immer, denn eine Ausnahme mache ich. Wenn ich von São Paulo nach Rio de Janeiro zurückfliege, klebe ich am Fenster und will alles sehen. Ein spektakulärerer Anflug ist kaum vorstellbar, denn auf dieser Strecke landet man in der Regel auf Rio de Janeiros Stadtflughafen Santos Dumont. Er liegt dem Zuckerhut direkt gegenüber, was schon alles über die beeindruckende Sicht beim Landeanflug sagt.

Ich frage immer nach einem Platz auf der rechten Seite des Fliegers. Allerdings nie in der Mitte der Maschine, denn da sitzt man quasi auf dem Flügel, der einem den Blick nach unten versperrt. Entweder vorne oder hinten also, Hauptsache freie Sicht. Jedes Mal, schon lange bevor die Maschine zur Landung ansetzt, schaue ich nach draußen. Aus Westen kommend, erkennt man rechts als Erstes Grumari, einen kleinen Strand vor den Toren der Stadt mit spitzen Felsen und ein paar Restaurants. Während der Woche liegt er fast einsam da, abgesehen von ein paar Surfern, die wegen des guten Windes und der hohen Wellen kommen. Am Wochenende zieht es zusätzlich jene Cariocas hierher, die zur Abwechslung mal ein wenig mehr Ruhe suchen und deshalb die vollen Stadtstrände meiden.

Weiter auf Rio zu. Wenn der Pilot ein wenig nach links schwenkt, sieht man den kilometerlangen Strand von Barra da Tijuca verschwinden, auch der saftig grüne Urwald bleibt langsam zurück. Dann nur noch Häuser und Straßen. Straßen, die im Sommer vor Hitze flimmern und sich nachts wie orange beleuchtete Lebensadern durch das Häusermeer ziehen. In einem sanften Bogen überfliegt man den nördlichen Teil der Stadt, wo Millionen Menschen wohnen, wohin sich aber im Unterschied zur Südzone von Rio de Janeiro kaum je ein Fremder verirrt.

Dann taucht in der Ferne der Cristo Redentor auf. Nachts, wenn die Sicht klar ist, erkennt man ihn sofort als kleinen, hell erleuchteten, lang gezogenen Strich in der Nacht. Bei Tag sieht man ihn auf dem Corcovado-Berg thronen. Mit ausgebreiteten Händen hoch über dem Meer, den Felsen und Stränden der Guanabara-Bucht. Für die Brasilianer gibt es neben Pelé nur einen großen Brasilianer: den dreißig Meter hohen Christus. Und jeder Carioca, der nach Jahren mal wieder zu der Statue hochsteigt, fühlt sich beim Blick nach unten immer wieder in seiner Überzeugung bestätigt, dass er in der schönsten Stadt der Welt wohnt. Verschwenderische Schönheit, kaum in Worte zu fassen. Eine Feierlaune der Natur, die diesen Ort so besonders macht. Farben und Formen. Wasser, Luft und schimmerndes Grün, von der Sonne bestrahlt. Es ist ein Anblick, den man nie wieder vergisst.

Irgendwo hatte ich mal gehört, dass es im Inneren der Christusstatue eine Treppe gebe. Dass man hineinsteigen und bei den Schultern herausschauen könne. Was für ein Gefühl musste das sein? Bei einem dieser Anflüge auf den Stadtflughafen beschloss ich, dass ich da hochwollte. Falls die Information stimmte, denn zumindest offiziell existiert diese Möglichkeit nicht.

Wenn die Maschine am Cristo Redentor vorbeigezogen ist, breiten sich an den Hängen die Favelas aus, und das Engenhão-Stadion kommt in Sicht, wo der Fußballclub Flamengo derzeit seine Heimspiele bestreitet, solange das Maracanã-Stadion für die WM renoviert wird. Ich habe hier Ronaldinho spielen sehen. Stand im roten Fahnenmeer, angesteckt vom begeisterten Jubel. Ein wenig weiter dann das Maracanã-Stadion mit seinen blauen Querbalken. Am 13. Juli 2014 soll hier das Endspiel stattfinden und der neue Weltmeister gekürt werden. Ein Datum, das schon jetzt eine stolze Wegmarke in der neueren Geschichte Brasiliens darstellt.

Das Maracanã ist das Mekka des brasilianischen Fußballs. 1950 verlor Brasilien hier die Weltmeisterschaft. Später schoss Pelé hier sein tausendstes Tor. Der Papst predigte an diesem Ort, Frank Sinatra und Paul McCartney sangen hier. Früher passten fast 200 000 Zuschauer ins Stadion. Nach den Umbauten werden es um die 80 000 sein. Wenn zur Fußball-WM 2014 die Welt nach Brasilien schaut, wird sie ins Maracanã-Stadion blicken.

Man fliegt weiter Richtung Flughafen, von Weitem entdeckt man den Zuckerhut. Steiler Granit in sanft runder Form. Ein perfekter Felsen. Er wirkt wie aufgeklebt in der blauen Bucht. Nicht immer sieht man sofort die Drahtseile der Gondelbahn, die die Besucher nach oben bringt. Unten dann Rio de Janeiros moderne Kathedrale, ein durchlöcherter Betontrichter aus den Sechzigerjahren, den viele fälschlicherweise Architektenlegende Oscar Niemeyer zuschreiben.

Nur einen Augenblick später ist die Maschine über Lapa, Rios Ausgehviertel. Die berühmten weißen Bögen scheinen zum Greifen nahe. In den alten Häusern des Quartiers, im Kolonialstil erbaut, spielen jeden Abend zig Sambagruppen. In jedem Stockwerk eine andere. Das Publikum tanzt und singt. Hier ist es egal, wie alt man ist. Oder woher man kommt. Man gehört sofort dazu. Besonders hoch her geht es am Wochenende. Da schieben sich unter den weißen Bögen die Menschenmassen von einem Sambaclub zum nächsten. An manchen Abenden schrammt Lapa – vor allem wenn zu viele Gringos unterwegs sind – hart am Ballermann vorbei. Doch in den Clubs sind die Brasilianer meist unter sich, genießen ihre Musik und ihren Rhythmus.

Zuletzt überfliegt man den Strand von Flamengo. Die Maschine macht einen weiten Bogen Richtung Niterói, kurvt schräg über der Bucht, in der so viele Tanker kreuzen, dass man sie auf die Schnelle gar nicht zählen kann, dreht erneut und setzt endgültig zum Landeanflug an. Rechts sieht man noch einmal das Zentrum mit den hohen Bürohäusern und mittendrin die Candelária-Kirche wie einen Fremdkörper aus längst vergangener Zeit. Vor uns der Zuckerhut, den die Piloten allerdings besser sehen als die Passagiere. Bei der Christusstatue ist es umgekehrt, die liegt rechts – da wo ich immer auf diesen Flügen sitze – und schaut bei der Landung zu.

Diesmal aber kamen wir nicht auf dem Stadtflughafen an. »Es tut immer wieder gut, nach Rio zurückzukehren«, sagte Philippe, mein Kameramann, als wir aus dem Flieger stiegen. Er hatte sich vor vielen Jahren zuerst in Rio und dann in eine Brasilianerin verliebt. Die Liebe zur Stadt hat bis heute gehalten.

Unser Gepäck erschien wie immer mit Verspätung, aber zumindest ist es bislang nie verloren gegangen. Die Gepäckwagen ließen sich kaum schieben. Draußen wartete schon Fernando, unser Fahrer.

»Gibt's was Neues in Rio?«, fragten wir ihn.

»Nein, nichts Neues«, sagte Fernando wie immer. Dann drehte er seine Musik ein bisschen lauter. Wir redeten nicht mehr viel, wir waren müde und wollten nach Hause. Doch es dauerte länger, denn es gab wieder mal viel Verkehr.

Maschinengewehrmann
in der Favela

»Verzeihung, dürfte ich bitte mal durch«, sagte die Stimme hinter mir, und ich wunderte mich über die freundliche Wortwahl.

Im Portugiesischen gibt es Dutzende wohlklingender Höflichkeitsfloskeln, die die Brasilianer gerne und mit stolzem Charme benutzen. Und wegen des weichen und entspannten Sounds der Sprache ertappe ich mich immer wieder dabei, die Brasilianer für das netteste Volk der Welt zu halten.

Doch dieser Brasilianer hier klang besonders freundlich. Und das, obwohl ich mich eigentlich auf einen Abend der raueren Sorte eingestellt hatte.

Es war gegen zwei in der Nacht, und ich stand vor einer gut besuchten brasilianischen Bierkneipe – einer dieser typischen mit gelben Plastikstühlen draußen auf dem Bürgersteig, die irgendeine Brauerei vor Jahren mal spendiert hatte. Von drinnen dröhnten laute Musik und der Fernseher. Hinter der Theke wurde eine eiskalte Bierflasche nach der anderen aus dem Kühlschrank genommen. Das Publikum bestand aus einfachen Leuten jeden Alters. Die Männer trugen Badelatschen, Shorts und T-Shirts, auch Muskelshirts. Die Frauen Jeans und enge Tops, manche bauchfrei, selbst wenn das nicht unbedingt empfehlenswert schien. Draußen auf dem Bürgersteig herrschte solche Enge, dass es kaum ein

Durchkommen gab. Wer zur Theke wollte wie mein Hintermann, der musste sich durchquetschen. Mit ein paar freundlichen Worten oder auch nicht.

Ich befand mich in Rocinha, der größten Favela Rio de Janeiros. Dem größten Armenviertel der Stadt also. Hier traut sich ein Gringo eher selten hin und schon gar nicht nachts. Allerdings gibt es seit Jahren für Touristen die sogenannten Favela-Touren – ein Brasilianer würde sie nie und nimmer buchen –, die gut frequentiert werden von Gringo-Touristen. Sie lassen sich tagsüber im Kleinbus oder im offenen Jeep für zwei Stunden durch diese Viertel kutschieren, betrachten interessiert die irgendwie provisorisch gemauerten Häuschen und wundern sich, dass die Aussicht von oben trotz aller Armut einfach überragend ist. Viele Favelas in Rio de Janeiro liegen am Hang oberhalb der Traumstrände Copacabana und Ipanema mit freiem Blick auf das meist blau funkelnde Meer.

In Rocinha leben rund 100 000 Menschen auf engstem Raum, genau weiß das niemand. Letztlich gibt es nur eine einzige Hauptstraße, die sich in Serpentinen den Hügel hinaufzieht und von der unzählige Treppen und Fußwege abgehen. Ein Labyrinth enger Gassen, in denen man als Gringo sofort auffällt. Da das Nachtleben in Rocinha, sagen wir mal, außergewöhnlich sein soll, dachte ich mir, es sei vielleicht eine gute Idee, mir das persönlich anzusehen.

Ich drehte mich um und stellte als Erstes fest, dass zu der freundlichen Stimme ein ebenso freundliches Gesicht gehörte. Der Typ war keine zwanzig Jahre alt und einen Kopf kleiner als ich. Er hatte ein dunkles, breites Gesicht, das lächelte. Die Haare waren kurz geschoren.

Ich wollte gerade Platz machen – da sah ich das Maschinengewehr.

Es baumelte ihm mit einer unglaublichen Lässigkeit um den Hals und lag halb auf der Hüfte, sodass der Lauf schräg nach oben wippte. Ich bin kein Waffenexperte, aber ich war mir sicher, dass es das größte Maschinengewehr der Welt sein musste. Wenn ich mich recht erinnere, besaß es eine richtige Trommel wie diese alten Gewehre aus den *Indiana-Jones*-Filmen. Jedenfalls machte es großen Eindruck auf mich. Unnötig zu sagen, dass ich den Maschinengewehrmann ohne weitere Umstände durchließ. Er nickte freundlich, ging zur Theke, bestellte sich ein Bier und verzog sich wieder auf die Straße.

Ich war offenbar der Einzige in der Kneipe, der sich über das Maschinengewehr wunderte – alle anderen Gäste schienen das nicht ungewöhnlich zu finden. Als der Maschinengewehrmann mit seinem Bier außer Sichtweite war, bestellte ich auch noch eins und nahm einen großen Schluck.

»Das ist Rocinha«, sagte Odmar und zuckte mit den Schultern.

Odmar begleitete mich an diesem Abend. Obwohl ich unbedingt das Nachtleben von Rocinha kennenlernen wollte, ahnte ich gleichzeitig, dass es kaum empfehlenswert sein dürfte, das alleine zu tun. Also wurde für mich ein Kontakt nach Rocinha hergestellt.

Der Kontakt hieß Carlos. Dann erfuhr ich am Telefon – ich saß schon im Auto und war auf dem Weg –, dass er doch keine Zeit hätte, mir aber seinen Kumpel Odmar schicken würde. Odmar wiederum wusste nur, dass er einen Gringo, der irgendetwas mit Fernsehen zu tun hatte, ein paar Stunden durch Rocinha führen sollte.

Auf dem Weg dorthin, noch im Auto, beging ich meinen ersten Gringo-Fauxpas an diesem Abend. Und das, obwohl ich mit den Verkehrsregeln in Brasilien inzwischen durchaus vertraut war. So wusste ich, dass man immer davon ausgehen muss, dass die anderen Verkehrsteilnehmer nicht aufpassen, sich nicht an die Regeln halten und deshalb mit allem rechnen muss. Im Gegensatz zu Deutschland, wo es eigentlich genau umgekehrt ist.

Ich wusste ebenfalls, dass man nachts an roten Ampeln grundsätzlich nicht anhält, sondern durchfährt. Zum einen weil ein stehendes Auto ein leichtes Ziel für Überfälle bietet, zum anderen weil ein Brasilianer es generell unnötig findet, an einer roten Ampel zu halten, wenn es sonst keinen Verkehr gibt. Was allerdings zur Folge hat, dass man in Brasilien nachts an grünen Ampeln höllisch aufpassen muss oder, besser noch, stehen bleiben sollte. Schließlich kann jederzeit auf der Kreuzung bei Rot gerade jemand durchfahren. Im Gegensatz zu Deutschland, wo es eigentlich genau umgekehrt ist. Schließlich wusste ich, dass rechts vor links hier sehr kreativ gehandhabt wird und eigentlich immer das größere Auto Vorfahrt hat. Und bei gleich großen Wagen immer der sauberere. In Deutschland sind in der Regel alle Autos gleich sauber.

Dies alles hatte ich also inzwischen gelernt. Was ich nicht wusste: In einer Favela darf man nur mit Abblendlicht fahren, wenn es dunkel ist. Ausnahmslos. Warum? In den Problemvierteln Rio de Janeiros, die nicht »befriedet« sind, in denen es also keine permanente Polizeipräsenz gibt, haben die Drogengangs das

Sagen. Rocinha gehörte zu jener Zeit noch dazu. Und die Drogengangs mochten es überhaupt nicht, wenn sie von einem Auto geblendet wurden. Weil sie dann wohl dachten, es sei die Polizei. Die aber, wie gesagt, taucht in den »unbefriedeten« Favelas eigentlich gar nicht auf.

Und so fuhr ich arglos die Straße in Rocinha hinauf, als ich plötzlich vor mir einen Mann am Straßenrand sah, der mit irgendetwas auf mich zielte. Da ich eine Radarkontrolle an diesem Ort für höchst unwahrscheinlich hielt, kapierte ich schnell, dass es sich um ein Maschinengewehr handelte. Ich bremste ab und kam neben dem Mann zum Stehen. Er schaute mich mit einem säuerlichen Gesichtsausdruck an. Nach kurzem Zögern ließ ich das Beifahrerfenster herunter, verstand aber in der Aufregung nicht wirklich, was er sagte. Es klang nicht freundlich, doch er erkannte bald, dass er es mit einem Gringo zu tun hatte, von dem naturgemäß keine Gefahr drohte. Streng und tadelnd klärte er mich über das Schweinwerferverbot in den Favelas auf und ließ mich weiterfahren.

Zwischen dem ersten und dem zweiten Maschinengewehrmann lernte ich schließlich meinen Begleiter für diesen Abend kennen. Odmar kam im Puma-Trainingsanzug und weißen Tennisschuhen. Ich kann mich nicht erinnern, ob er eine Goldkette trug – vermutlich war es so. Er war Mitte vierzig und sah ein bisschen aus wie Joe Pesci.

Wir trafen uns kurz vor Mitternacht an der verabredeten Ecke in Rocinha. Überall ein unglaubliches Gedränge. Motorräder und Fußgänger wuselten durcheinander. Aus den Kneipen tönte laute Musik. Odmar stieg zu mir ins Auto und fragte sofort, ob wir nicht erst mal hier unten ein Bier trinken wollten. Im Prinzip keine schlechte Idee, obwohl ich lieber sofort weiterfahren wollte, ganz nach oben zum höchsten Punkt von Rocinha, wo an diesem Abend ein Baile Funk stattfinden sollte.

»Für Baile Funk ist es noch viel zu früh«, sagte Odmar.

Baile Funk, der eigentliche Grund, warum ich nach Rocinha wollte, ist im Grunde nichts anderes als eine prollige Dorfdisco auf brasilianisch mit mafiagesichtigen Jungs in engen T-Shirts und aufgetakelten blutjungen, braun gebrannten Schönheiten in sehr kurzen Röcken. Der Tanzstil der Frauen ist im Vergleich zum Samba relativ simpel: Sie stehen ein klein wenig vornübergebeugt und mit elastischen Knien vor den Jungs und reiben ihren zuckenden Hintern an deren Vorderteil. Diese Körperhaltung muss man sich in etwa so vorstellen, als wollten sie mit ihrem Hintern eine Autotür zuschlagen.

Baile Funk ist ein Produkt der Favela. Er gehört zu ihr wie der Samba zum Karneval. Er ist ein Musikstil, irgendetwas zwischen brasilianischem Rap und Hip-Hop mit harten Bässen, die man bis in die Knochen spürt. Und noch härteren Beats. Aber am härtesten sind die sexualisierten Texte, von denen selbst viele Brasilianer nur Fragmente verstehen und die meist aus gängigen Begriffen wie Ficken, Vögeln und Blasen bestehen.

Odmar hatte recht, es war noch viel zu früh. Wir merkten es, sobald wir das Auto in einem Müllberg am Straßenrand abstellten, ganz oben in Rocinha, und zu der Mehrzweckhalle aus nacktem Beton gingen, wo der Baile Funk stattfinden sollte – und plötzlich alleine dastanden. Es war kurz nach Mitternacht und niemand da. Außer einem einsamen Favela-DJ, der schon mal die Bässe wummern ließ.

Wir beschlossen, ein Bier zu trinken. In der Kneipe gegenüber kannte Odmar offenbar viele Leute. Sie begrüßten sich lautstark mit viel Umarmungen und Schulterklopfen. Mir ist bis heute nicht klar, was Odmar beruflich so machte. Er erzählte von einem Fischerboot auf der Ilha Grande, einer Trauminsel, zwei Stunden von Rio de Janeiro entfernt. Er war in Rocinha geboren und aufgewachsen und wollte bald irgendwas mit Tourismus anfangen. Er konnte sich offenbar nicht merken, woher ich kam – mindestens dreimal erklärte ich ihm, dass ich aus Deutschland sei.

Die Kneipe hatte einen Billardtisch, an den ich mich eigentlich nur deshalb erinnere, weil er mit einer Holzplatte abgedeckt war. Ganz anders als in Deutschland also, wo die Billardtische meist unabgedeckt in Kneipen herumstehen und mit einem Schild versehen sind, auf dem steht: »Bitte keine Getränke abstellen.« Hier taten wir genau das und nutzten die Holzplatte als Abstellfläche für unsere eiskalten 0,6-Liter-Bierflaschen und Gläser. Sehr praktisch, fand ich, zumal ich sowieso ein schlechter Billardspieler bin.

Odmar wollte erst mal ein paar Dinge klarstellen und fragte mich: »Was ist das beste Land der Welt?« Darauf sollte man einem Brasilianer nur eine Antwort geben.

»Brasilien«, sagte ich.

»Und was ist die beste Stadt Brasiliens?«

»Rio de Janeiro.«

»Und was ist der beste Stadtteil in Rio de Janeiro?«

»Äh… Rocinha?«

Odmar war mit meinen Antworten zufrieden. Er streckte den Daumen in die Höhe und prostete mir zu. Eine Kombination, die in Brasilien ungefähr den gleichen Stellenwert hat, als wenn einem in Deutschland jemand das Du anbietet. Nur dass so was in Brasilien meistens nach ungefähr fünf Minuten passiert, sofern man sich nicht allzu gringomäßig aufführt.

»Du sprichst schon ziemlich gut Portugiesisch«, sagte Odmar. Was nur bedingt stimmte, denn ich war zu diesem Zeitpunkt noch nicht lange in Rio, und mein Spanisch war viel besser. Aber Brasilianer lieben es, wenn Gringos Portugiesisch sprechen. Wahrscheinlich vor allem deshalb, weil viele Brasilianer es als ebenso undenkbar wie unnötig ansehen, selbst eine Fremdsprache zu lernen.

»Danke, es geht so. Ich komme zurecht«, sagte ich.

»Weißt du, dass Portugiesisch die schwierigste Sprache der Welt ist?«, fragte Odmar.

»Was? Wieso das denn?«, fragte ich. Das stimmte nun wirklich nicht.

»Es ist eben die schwierigste Sprache der Welt.«

»Ich weiß nicht ...«

»Schwieriger als Chinesisch.«

»Schwieriger als Chinesisch? Wie kommst du denn darauf?«

»Viel schwieriger.«

»Wieso denn?«

»Weil Papst Johannes Paul II. über zwanzig Sprachen gesprochen hat. Aber nicht Portugiesisch.«

»Hmm.«

»Deshalb ist es die schwierigste Sprache der Welt. Und du sprichst schon ganz gut.«

Odmar stellte mich vielen seiner Freunde vor, wobei er im Laufe des Abends dazu überging, ihnen zu erzählen, dass ich Verwandtschaft aus dem Süden sei. Im Süden Brasiliens ist es nämlich kälter, und dort leben viele Nachfahren deutscher Einwanderer. Insgesamt ist der Gringo-Anteil an der Bevölkerung in dieser Gegend ziemlich hoch.

Odmar entschuldigte sich kurz, um zur Toilette zu gehen. Als er zurückkam, nahm er mich zur Seite und fragte mich, ob eine Bekannte von ihm mal kurz vorbeikommen könnte. Sie stand in der anderen Ecke der Kneipe, verkaufte Goldschmuck und hatte gerade etwas dabei, was sie mir gerne anbieten wollte.

»Äh, ich denke nicht – ich will eigentlich nichts kaufen«, sagte ich.

»Schau dir einfach ihren Schmuck an und sag ihr dann, dass er sehr schön ist, du aber nichts kaufen willst«, sagte Odmar und klopfte mir aufmunternd auf die Schulter.

Seine Bekannte hatte einen schiefen Mund und Ketten und Ohrringe im Angebot. Die Preisschilder waren noch dran, sie verkaufte natürlich alles viel billiger. Statt zu fragen, woher der Schmuck kam, sagte ich: »Ich finde ihn sehr schön, möchte allerdings nichts kaufen.« Sie lächelte, flötete ein Dankeschön und ging wieder in ihre Ecke. Da es Odmars Ansicht nach immer noch viel zu früh für Baile Funk war, hatte er einen weiteren Vorschlag: »Willst du heute Abend eine vernaschen?«

Ich war mir nicht sicher, ob ich richtig verstanden hatte, und fragte nach. Doch: Ich hatte richtig verstanden. Odmar versicherte mir, dass er hier den besten

Puff der Favela kenne, wo die Mädchen wunderschön und billig seien. Daran würde ich keine Zweifel hegen, wie ich ihm anerkennend versicherte, dennoch lehnte ich dankend ab. Stattdessen wollte ich gerne etwas essen, und so stiegen Odmar und ich die engen Treppengassen von Rocinha hinunter, um nachts gegen halb eins noch ein *churrasco* aufzutreiben, also gegrilltes Fleisch.

Normalerweise wäre dieser Marsch eine schweißtreibende Angelegenheit gewesen. Nicht nur im Sommer, sondern auch im Herbst oder im Frühling kann es in Rio de Janeiro so schwülheiß werden, dass selbst abends und nachts jede Bewegung eine sportliche Herausforderung ist. Jetzt aber hatten wir fast Winter, und da es nur um die 20 Grad warm war, liefen alle Cariocas seit Tagen in dicken Pullovern herum. Nur Gringos tragen bei dieser Temperatur noch T-Shirts.

Eng an eng standen die Häuser, die meisten aus rotbraunen Backsteinen gebaut. Der Weg war beschwerlich, die endlos lange Treppe abgenutzt. Müllrinnsale liefen neben den Wegen. An vielen Ecken lag ein süßlich-fauliger Geruch in der Luft. An manchen Stellen, wenn wir direkt an offenen Fenstern vorbeigingen, versuchte ich einen Blick ins Innere zu erhaschen und stellte fest, dass viele der Häuser durchaus nett eingerichtet waren. Außen unverputzt, fast noch Rohbau, innen gefliest und dekoriert. Viele Flachbildschirme. Das Klischee, dass die Menschen in den brasilianischen Favelas in schäbigen Wellblechhütten hausen, stimmt einfach nicht.

Der Weg machte einen Knick, und von Weitem hörte ich schon Musik und laute Stimmen. Vor einer winzigen Ladenkneipe stand ein Kicker, der von sechs, sieben Männern konzentriert bearbeitet wurde. Nebendran ein Junge mit einem alten Laptop, den er an einen Lautsprecher angeschlossen hatte und über den er Musik abspielte. Einer der Männer am Kicker trug einen Anzug, der bereits bessere Zeiten gesehen hatte. Der andere neben ihm einen Trainingsanzug. Sobald sie Odmar erkannten, gab es wieder ein großes Hallo. Doch sie wurden ernst, als sie erfuhren, dass ich aus Deutschland käme.

Es gibt Dinge, die ewig zwischen zwei Ländern stehen werden. Dinge, durch die sich ein Land von einem anderen bedroht fühlt bis ins Mark. Brasilien hat eine solche Gefahr in Deutschland ausgemacht, und zwar in Gestalt von Miroslav Klose.

»Wie geht es Klose, wird er spielen?«, fragte der Trainingsanzugmann. Da ich mich nicht wirklich gut mit Fußball auskenne, mir das aber hier nicht anmerken lassen wollte, faselte ich irgendwas Unverständliches. Es ging um die nächste Fußball-WM, und natürlich war klar, dass Kloses Einsatz noch nicht feststand. Ronaldo hingegen würde bestimmt nicht spielen, weil der moppelig gewordene brasilianische Fußballgott seinen Rücktritt aus der Nationalmannschaft erklärt hatte. Und das war, aus brasilianischer Sicht, das Problem.

Miroslav Klose könnte nämlich, falls er bei der kommenden Fußball-WM 2014, in Brasilien wohlgemerkt, mit von der Partie sein sollte, zum erfolgreichsten WM-Torschützen aller Zeiten aufsteigen. Und damit Ronaldo vom Thron stoßen. Ein Treffer und Klose zöge mit insgesamt fünfzehn Toren gleich. Zwei Treffer und er würde Ronaldo überholen und damit 200 Millionen Brasilianern einen Dolch in den Bauch rammen. So muss man das sehen. Vor allem in Rocinha. Da jedoch niemand in Brasilien ernsthaft davon ausgeht, dass dies passieren wird, wurde ich mit einem herzlichen Daumen-hoch-Zeichen sowohl begrüßt als auch verabschiedet. Wir gingen weiter bergab auf der Suche nach etwas zu essen.

Für einen Brasilianer ist es eine Frage der Ehre, einem Gast zu jeder Tages- und Nachtzeit, an jedem Ort und unter welchen Mühen auch immer, vor allem aber in seiner Heimatstadt, ein gegrilltes Stück Fleisch anbieten oder zumindest organisieren zu können. Deshalb wurde Odmar langsam ein bisschen nervös, weil jeder Grillstand, den er ansteuerte, schon geschlossen war oder soeben das letzte Stück Fleisch vom Spieß genommen hatte. Umso erleichterter war er, als wir auf einem gerade zu Ende gehenden Straßenfest noch etwas ergatterten.

»Und, schmeckt's?«

Ich kaute. Wenn ein Gringo in Anwesenheit eines Brasilianers in brasilianisches Fleisch beißt, wird er meist mit abwartendem Blick beobachtet. Zu den guten Gepflogenheiten gehört es dann, das Fleisch überschwänglich zu loben – was natürlich meist absolut gerechtfertigt ist. Dann hebt der brasilianische Gastgeber entweder erfreut den Daumen, oder er macht Shakehands mit gleichzeitigem Schulterklopfen, was man als die gesteigerte Form des Daumen-hoch-Zeichens deuten kann. Der Brasilianer beglückwünscht damit sowohl seinen Gast als auch sich selbst zu diesem hervorragenden Stück Fleisch. Ich denke, so muss man das sehen.

Während ich also kaute, stellte mich Odmar weiteren Freunden und Bekannten vor, die plötzlich bei uns auftauchten. Darunter Fernanda, die mir erzählte, dass sie gleich hier, neben der einzigen Kirche auf dem einzigen Ortsplatz von Rocinha, aufgewachsen sei. Sie war um die vierzig und sah mit ihren mittellangen blonden Haaren wie eine Gringa aus. Sie erzählte mir nicht, was sie arbeitete, aber ich konnte mir vorstellen, dass sie irgendeine Stelle in der *zona sul* im reichen Süden von Rio de Janeiro hatte, in Copacabana, in Ipanema oder in Leblon. Viele Favela-Bewohner steigen jeden Tag hinab oder nehmen den Bus in die Südzone, wo sie als Hausangestellte, Verkäufer, Friseurin oder Kellner arbeiten. Denn abgesehen von den Drogengangs wohnen vor allem ganz normale Leute in den Favelas, die tagtäglich ihrer geregelten Arbeit nachgehen, sei es offiziell oder unter der Hand. Sie arbeiten hart, schicken ihre Kinder zur Schule und versuchen sie fernzuhalten von der Gewalt und den Drogen in den Armenvierteln.

»Warum berichtest du nicht mal darüber?«, fragte mich Fernanda. »Ich stehe jeden Morgen in aller Frühe auf, meine Tochter geht um sieben zum Unterricht.«

Wir standen inzwischen in jener Bierkneipe, in der sich mein Hintermann mit dem Maschinengewehr so freundlich zu Wort gemeldet hatte. Von Fernanda und Odmar war ich bereits vorher instruiert worden, ich sollte mich nicht um die Waffen kümmern. Und auch nicht die Männer anstarren, die ein paar Häuser weiter am Straßenrand mit ihren Knarren Wache schoben, um den örtlichen Drogenboss zu schützen, der offenbar irgendwo in der Nähe gerade sein Abendessen einnahm. Während Odmar es eher amüsant fand, einen Gringo mit der Realität in Rocinha zu konfrontieren, war es Fernanda ein wenig peinlich.

»Das ist halt unsere Situation, wir haben uns schon lange daran gewöhnt«, sagte sie.

Das Absurde daran ist, dass die Favelas, die von Drogengangs kontrolliert werden, relativ sicher sind. Man wird dort in der Regel nicht überfallen oder ausgeraubt. Und viele Bewohner in Rocinha zweifelten zur Zeit meines Besuchs daran, ob denn wirklich alles besser würde durch eine Polizeipräsenz. Die Drogengangs fungieren als eine Art Schutzmacht, die gewissermaßen auch für Recht und Ordnung sorgt – auf ihre Weise allerdings. Straßenkriminalität etwa wird nicht akzeptiert. Aber genauso wenig eben, dass man nachts mit strahlenden Scheinwerfern durch die »unbefriedeten« Favelas fährt.

Gut möglich, dass es sich bei dem Drogenboss, der nebenan zu Abend aß und von seinen Maschinengewehrmännern bewacht wurde, um Antonio Bonfim Lopes, genannt »Nem«, handelte – damals einer der meistgesuchten Drogenbosse der Stadt. Ein paar Monate nach meinem Besuch in Rocinha wurde er festgenommen. Kurz darauf besetzten etwa 3000 Polizisten und Soldaten das Viertel und vertrieben die Drogengangs, ohne dass angeblich auch nur ein einziger Schuss fiel. Danach galt Rocinha vorerst als »befriedet«. Die größte Favela Rio de Janeiros sollte ein Symbol werden für den Kampf der Stadt gegen die Drogenbosse. Eine sogenannte Befriedungspolizei (UPP) wurde dauerhaft stationiert. Auch wenn sich einiges verbesserte – Drogenhandel und Gewalt gingen zum Teil trotzdem weiter. Bis zur Fußball-Weltmeisterschaft sollen insgesamt 40 Favelas »befriedet« werden. Doch es gibt Hunderte von Favelas in der Stadt am Zuckerhut, in denen sich bisher nichts getan hat.

Besonders die Festnahme von Drogenboss »Nem« ging damals durch die Presse, denn das Ganze lief wohl ab wie in einem schlechten Gangsterfilm. Die Polizei hatte schon vor der Stürmung der Favela die Zufahrt nach Rocinha abgesperrt und kontrollierte jeden Wagen, der rein oder raus wollte. »Nem«, fünfunddreißig Jahre alt, war seit sechs Jahren Chef der Drogengang »Amigos dos Amigos« (Freunde der Freunde) und somit Herrscher des Hügels. Doch nun musste er flüchten und versteckte sich im Kofferraum eines Toyota Corolla. An der Straßensperre wurde der Wagen von der Polizei gestoppt und kontrolliert. Fahrer und Beifahrer weigerten sich, den Kofferraum zu öffnen. Der eine gab sich als Anwalt aus, der andere als Mitarbeiter des kongolesischen Konsulats, wobei Letzterer sich auf seine diplomatische Immunität berief. Zu Unrecht, wie sich das Konsulat am Tag darauf empört richtigzustellen beeilte.

Doch zunächst waren die Polizisten unsicher und beschlossen, den Wagen zu einer Polizeiwache zu eskortieren. Unterwegs hielt der Toyota an, und die beiden verdächtigen Männer boten ihr ganzes diplomatisches Geschick auf und umgerechnet rund 12 000 Euro an, wenn die Polizisten sie einfach weiterfahren ließen. Doch die blieben hart – das eigentlich Bemerkenswerte bei dieser denkwürdigen Episode – und bestanden darauf, zur Wache zu fahren. Dort öffneten sie den Kofferraum und entdeckten »Nem«. Das Ende einer Karriere als Drogenboss, die angeblich damit begann, dass er Geld für seine kranke Tochter brauchte, eines seiner inzwischen sieben Kinder.

Der junge Mann lieh sich das Geld vom örtlichen Drogenboss, arbeitete zum Dank für ihn und stieg schnell auf. Wurde schließlich selbst Boss und setzte im Monat umgerechnet fast eine halbe Million Euro um, hauptsächlich mit Kokain. Nebenbei ließ er im Laufe der Jahre in Rocinha, so schätzt die Polizei, mindestens zehn Menschen umbringen. »Nem« wurde also ohne Zögern festgenommen und zu einer anderen Polizeistation gebracht. Dort durfte er telefonieren. Er rief seine Mutter an, erzählte ihr von seiner Festnahme. Und schärfte ihr ein, dass sie fortan dafür sorgen müsse, dass seine Kinder immer pünktlich zur Schule gingen.

Es war inzwischen kurz nach zwei, ich mochte kein neues Bier mehr. Das läutet aus brasilianischer Sicht eigentlich das Ende des Abends ein.

»Es ist noch viel zu früh für Baile Funk«, versuchte Odmar mich zu überreden, doch ich wollte endlich los. Wir verabschiedeten uns also minutenlang von Fernanda, die nach eigenen Angaben noch nie auf einem Baile Funk war und ihre Tochter dort nicht hinlassen würde, und machten uns auf den Weg. Um nicht die steilen Treppen hinaufsteigen zu müssen, hielten wir zwei Mototaxis an. Motorräder, die daran zu erkennen sind, dass ihre Fahrer orangefarbene oder grüne Leibchen tragen. Nach ein paar Minuten waren wir oben bei der Betonhalle angelangt. Weil Odmar die beiden Türsteher kannte, kamen wir ohne weitere Kontrolle durch. Das allseitige Daumen-hoch-Zeichen reichte.

Noch immer war es nicht wirklich voll, aber bereits so laut, dass man sich nicht einmal schreiend unterhalten konnte. Die Musik wummerte. Man spürte die Bässe bis in die Knochen. Der aggressive Sprechgesang füllte den Raum. Durch die Dunkelheit waberten Lichtblitze.

Die Frauen, alle so um die zwanzig, tanzten ekstatisch und zuckten mit ihren Hintern. Schweißperlen standen den meisten auf der Stirn. Einige hatten sich in knappe Hotpants aus Jeansstoff gequetscht und ihr T-Shirt bis unter den Busen hochgekrempelt, damit man ihr Bauchnabelpiercing nur ja nicht übersah. Andere trugen enge Kleider und High Heels. Vorherrschend jedoch waren trägerlose Tops, und kaum eine verzichtete auf überlange, grell lackierte Fingernägel. Die Männer waren zwischen zwanzig und dreißig und tanzten mit Bierbechern in der Hand. Ihre vorherrschende Kleidung bestand aus Jeans oder Shorts, dazu Muskelshirts und bei vielen ein Baseballcap, falsch herum aufgesetzt. Hier und da blitzte eine schwere Armbanduhr oder eine großgliedrige Silberkette.

Die Frauen rieben sich an den Männern, die Männer an den Frauen. Noch tanzten sie nicht wirklich wild, sondern bewegten sich eng an eng in einer brasilianischen Wiegeschrittvariante. Tanzten sich dabei zunehmend in eine Art Trance. Laut und schwül war es auf der Tanzfläche, die jetzt immer voller wurde. Ich sah fasziniert zu.

Etwas abseits standen ein paar Jungs im Kreis um Müllsäcke herum, aus denen sie eine Bierdose nach der anderen nahmen und leerten. Von draußen drängten immer neue Leute herein: junge Frauen, ein paar einsame Transvestiten und viele junge Männer, von denen der ein oder andere sein Maschinengewehr auf die Tanzfläche mitnahm. Baile Funks sind berühmt dafür, dass zu vorgerückter Stunde Gruppen von ausgelassenen Maschinengewehrmännern ekstatisch tanzend herumspringen und ihre Maschinengewehre gen Himmel recken. Das habe ich an diesem Abend leider verpasst.

Ich ging zum improvisierten Getränkestand und staunte über die günstigen Preise. Denn eigentlich ist Brasilien durch den starken Real inzwischen ein recht teures Land geworden, teilweise sogar teurer als Deutschland, vor allem in den Metropolen wie São Paulo und Rio de Janeiro. Doch hier kostete eine Literdose Bier einen Real, umgerechnet keine 40 Eurocent. Fairer Preis, dachte ich.

Als ich Odmar darauf ansprach, reagierte er erst nicht. Zu sehr lenkten ihn offenbar all die schönen Frauen ab, die rein altersmäßig allerdings seine Töchter hätten sein können. Nur widerwillig wandte er den Blick von ihnen ab, um mir den Sachverhalt zu erklären. Ein Baile Funk sei vor allem ein Vergnügungsprogramm der Drogengangs. Oder besser: das Vergnügungsprogramm der Drogengangs für die Bewohner der Favelas. Mit anderen Worten: Das Bier wurde von den Drogenbossen subventioniert.

Inzwischen war es vier und der Saal brechend voll. Odmar jedoch schien anderer Meinung. Sagte, der Baile Funk habe noch immer nicht richtig angefangen. Aber ich hatte genug, auch wenn Odmar mich nicht einfach so ziehen lassen wollte. Als wir zum Auto gingen, versuchte er, mich wenigstens zu einem letzten Bier oder einem Puffbesuch zu überreden. Ich lehnte ab.

»Dann begleite ich dich im Auto bis zum Ausgang von Rocinha«, sagte Odmar.

»Nicht nötig, vielen Dank«, wandte ich ein. Er beharrte darauf, dass es sehr wohl nötig sei, dachte offenbar an die Geschichte mit den aufgeblendeten Scheinwerfern. Ich blieb trotzdem hart, musste ihm jedoch versprechen, ihn auf seinem Handy anzurufen, sobald ich wieder in Leblon sei, in der Südzone. Wir verabschiedeten uns mit Daumen-hoch-Zeichen, machten Shakehands und klopften uns minutenlang auf die Schulter. Ganz brasilianisch.

Ich fuhr die Straße in Rocinha hinab, die nach wie vor recht belebt war. Auch vor der Bierkneipe saßen noch Leute auf den gelben Plastikstühlen, und an einer Ecke standen wie früher am Abend ein paar Maschinengewehrmänner, während ihr Boss sich irgendwo amüsierte. Unten angekommen, schaltete ich die Scheinwerfer an und bog nach links ab Richtung Tunnel. Plötzlich war ich in einer anderen Welt. Die Straßen fast leer, an einer Ecke ein Polizeiauto. Hinter dem Tunnel beginnt Leblon, einer der reichsten Stadtteile Rio de Janeiros. Ich fuhr weiter am Strand entlang nach Hause.

Wie versprochen, meldete ich mich bei Odmar auf dem Handy. Ich sei gut angekommen, sagte ich ihm. Und vielen Dank für alles. Immer gerne, antwortete er. Das Telefonat war kurz. Ich glaube, er hatte schon geschlafen.

Dona Emma und der Sprachkurs in São Paulo

Brasilianer, die Gringos am ähnlichsten sind, findet man vor allem in São Paulo. Wohlgemerkt: am ähnlichsten *sind,* nicht am ähnlichsten *sehen.* Es geht also nicht um Haar- und Hautfarbe, sondern um Verhaltens- und Denkweisen oder auch um angebliche Charaktereigenschaften. Gringos und vor allem Deutsche gelten in Brasilien als steif, fleißig und spaßfrei. Wie die Einwohner von São Paulo.

»Und, wie gefällt es dir denn so in Rio?«, fragte der Taxifahrer, nachdem ich am Stadtflughafen Congonhas in São Paulo zu ihm in den Wagen gestiegen war und er mit zwei schnellen Fragen herausgefunden hatte, dass ich aus Deutschland stamme und in Rio de Janeiro wohne. Brasilianer sind süchtig nach Smalltalk. Und Taxifahrer besonders. Sie quatschen einen an, egal ob man vorne oder hinten sitzt, und fragen einen recht hemmungslos aus.

»Ich finde es großartig in Rio de Janeiro«, antwortete ich wahrheitsgemäß. Zu diesem Zeitpunkt war mir noch nicht klar, dass man es sich mit dieser Antwort ziemlich zügig mit einem Paulistano, einem Einwohner von São Paulo, verscherzen kann.

»Hmm.«

»Rio ist eine tolle Stadt.«

»Aber die Leute dort arbeiten nicht.«

»Mag sein. Ist ja auch schwierig mit so viel Strand.«
Damit hatte ich ihn wieder. Er holte ein wenig aus:
»In São Paulo arbeiten wir zwölf Stunden am Tag, ruhen uns sechs Stunden lang aus und schlafen dann sechs Stunden. In Rio arbeiten die Leute sechs Stunden am Tag, ruhen sich zwölf Stunden lang aus und schlafen dann sechs Stunden.«

In der Tat herrscht in São Paulo ein anderes Tempo als am Zuckerhut. Hektischer Verkehr. Ein Häusermeer bis zum Horizont. Hastige Menschen im Businessoutfit, die an viel befahrenen Boulevards in verspiegelten Bürotürmen verschwinden. Gestresst statt entspannt. Das wirtschaftliche Herz Brasiliens pulsiert in São Paulo, und es schlägt immer schneller. Hier geht es um Geld und Geschäft. Nicht um Strand und Samba. Genau die richtige Stadt für einen Intensivkurs Portugiesisch, hatte ich mir gedacht. Und deshalb war ich nun hier. In Rio beanspruchten mich meine Arbeit – und der Strand. Sicher ist sicher. Ich wollte mich weder von dem einen noch von dem anderen ablenken lassen, um so schnell wie möglich richtig gut Portugiesisch zu sprechen. Also nahm ich mir ein paar Wochen nach meiner Ankunft in Brasilien eine Auszeit für den Sprachkurs. Als ich meinem Taxifahrer davon erzählte – vier Wochen lang sechs Stunden Einzelunterricht täglich –, war sogar er beeindruckt.

Meine neuen brasilianischen Freunde in Rio de Janeiro dagegen hätte ich damit fast verprellt. Etwa meine Nachbarin Carla, eine sehr überzeugte und sehr stolze Carioca. Mehr noch, eine *carioca da gema,* die gesteigerte Form einer sehr überzeugten und sehr stolzen Einwohnerin von Rio. *Da gema* bedeutet »aus dem Eigelb«, was mit gebürtig nur sehr unzulänglich, herzlos und blutleer übersetzt wäre. Carla ist also nicht nur eine gebürtige Einwohnerin von Rio de Janeiro, sondern zutiefst davon überzeugt, dass es keine bessere Stadt in Brasilien und schon gar nicht auf der Welt gibt.

Ein paar Tage vor meiner Abreise nach São Paulo saßen wir in einem Restaurant in Ipanema. Sie schmollte ein wenig, als ich ihr erzählte, dass ich demnächst nach São Paulo fliegen würde – und mich drauf freute.

»Warum gehst du nach São Paulo?«

»Ich mache dort einen Sprachkurs.«

»Wieso in São Paulo? Sprachkurse gibt es auch hier.«

»Ja klar. Ist aber eine gute Gelegenheit, São Paulo kennenzulernen.«

»Warum willst du denn São Paulo kennenlernen?«

»Na ja, ist doch interessant.«

Schulterzucken. »Nein.«

In diesem Moment wusste sie noch nicht, dass ich vier Wochen in São Paulo bleiben würde. Ich rechtfertigte mich – wie so oft – mit meinem Job: »Ich muss schon von Berufs wegen São Paulo kennen.«

»Wieso? São Paulo ist schrecklich.«

»Mag sein, aber spannend. Ich bin ja nicht nur Korrespondent für Rio de Janeiro, sondern für ganz Brasilien. Für ganz Südamerika.«

Ich erzählte ihr, dass ich nach dem Abitur eineinhalb Jahre in Bolivien gelebt hatte, um dort in Sozialprojekten mitzuarbeiten. Dass es gut für mich sei, in kurzer Zeit so viel wie möglich von meinem Berichtsgebiet kennenzulernen. Deshalb eben São Paulo. Carla allerdings war noch bei Bolivien: »O Gott, Bolivien ist furchtbar, oder? So arm!«

»Nein, äh, na ja. Arm schon und trotzdem hochinteressant. Aber jetzt fahre ich erst mal nach São Paulo.«

»Wie lange bleibst du?«

»Vier Wochen.«

Carla verdrehte die Augen. Doch eine echte Carioca findet stets einen Weg, am Ende alles positiv zu sehen: »Na gut. São Paulo ist immerhin besser als Bolivien!«

Noch bevor ich mit meinem Sprachkurs begann, erfuhr ich also, dass zwischen Rio de Janeiro und São Paulo eine tiefe Abneigung herrscht. Die Rivalität zwischen Köln und Düsseldorf ist Karneval dagegen.

Ich wohnte in einem Aparthotel in Campo Belo im Süden von São Paulo. In einer Saftbar gegenüber aß ich oft zu Abend und hatte nach vier Wochen sowohl alle Säfte durchprobiert als auch alle Fruchtvokabeln gelernt. Wobei ich feststellen musste, dass ich trotz Übersetzung viele der Früchte nicht kannte, weil sie aus dem Amazonas stammten.

Mit dem Taxi ging es jeden Morgen in den Stadtteil Brooklin zu meiner Sprachschule, was je nach Verkehr mal zehn, mal vierzig Minuten Fahrtzeit bedeutete. Gleich am ersten Tag eröffnete mir die Leiterin der Sprachschule, Dona Emma, dass sie zwar fließend Deutsch könne, mit mir aber kein Wort in meiner Sprache sprechen werde. Das hielt sie vier Wochen lang durch. Ich auch.

Dona Emma war sicherlich schon um die siebzig und eine Koryphäe auf ihrem Gebiet. Sie hatte mehrere Portugiesischlehrbücher verfasst, die als Standardwerke gelten, und betrieb mit ihrem Mann eine exklusive Sprachschule. Vor allem Diplomaten und

Wirtschaftsbosse aus Europa und Asien kamen zu ihr. Und während ich sehr stolz auf mein tägliches Unterrichtspensum von sechs Stunden war, fand sie das nicht übermäßig toll. Manche ihrer Schüler nähmen acht Stunden am Tag, erklärte sie mir gleich zu Anfang.

Dona Emma unterrichtete übrigens nicht selbst. Bei mir sprang sie nur einmal ein, weil einer meiner Lehrer nicht konnte. Ihre Aufgabe sah sie darin, einen individuellen Lehrplan für mich zu entwerfen – und vor allem mich und meine Lehrer zu kontrollieren. Das tat sie mit ausgesprochenem Charme und mit ausgesprochener Strenge. Keine Hausaufgaben, die nicht präzise eingefordert wurden. Kein Fehler, der nicht tadelnd korrigiert worden wäre. Kein Smalltalk, der nicht einer Prüfung gleichkam. Und Dona Emma legte größten Wert darauf, dass ich nicht in den weichen Akzent von Rio de Janeiro fiel.

Dona Emma war doppelt tough. Als Kind deutscher Vorfahren in São Paulo geboren, war sie Gringa und Paulistana in einer Person. Leider gelang es uns trotz mehrerer Versuche nicht, abschließend zu klären, ob es nun ihr Ururur- oder ihr Ururururgroßvater gewesen war, der im Jahr 1848 Schlesien verließ und nach drei Monaten auf See mit seiner Frau, seinem Sohn und seinen drei Töchtern im Hafen von Santos eintraf. Mit Eseln und zu Fuß zogen sie ins Landesinnere des heutigen Bundesstaats São Paulo, wo der Lehrer auf einer Kaffeeplantage Arbeit fand. Eine typisch brasilianische Einwanderergeschichte. Vor allem aus Italien und Deutschland kamen die Immigranten im 19.

Jahrhundert ins Land – und aus Japan. Nirgends sonst wohnen heute so viele japanischstämmige Menschen außerhalb Japans wie in Brasilien. Allein in São Paulo sind es über eine Million.

Friedrich Wehrsig jedoch, der Vorfahre von Dona Emma, war ein typischer Gringo und litt wie jeder gute Gringo bis auf den heutigen Tag schon kurz nach seiner Ankunft in den Tropen unter Durchfall und Moskitostichen. Außerdem vermisste er das deutsche Brot, wie er 1850 seinem Bruder in Schlesien schrieb – Dona Emma überließ mir stolz eine großformatige Fotokopie des Briefes. Dieser Satz könnte typischer nicht sein. Denn eines scheint allen Gringos, zumindest denen aus Deutschland, über die Jahrhunderte hinweg gemeinsam zu sein: Das deutsche Brot und der deutsche Käse fehlen in der Fremde. Dennoch äußerte sich Friedrich Wehrsig sehr wohlwollend über das brasilianische Essen, das in dieser Zeit vorwiegend aus Bohnen und Reis bestand. Was allerdings auch heute nicht unbedingt viel anders aussieht.

Das Leben auf der Kaffeeplantage war einfach. Familie Wehrsig lebte in einem kleinen Häuschen mit einem Zuckerkistentisch und drei Bänken. Im Nebenzimmer standen zwei geräumige Bettstellen. Verglaste Fenster gab es nicht. Friedrich Wehrsig staunte ebenso über die sintflutartigen Regenfälle in Brasilien wie über die tropischen Früchte. Besonders die Zitronen hatten es ihm angetan: »Ich habe hier einen ganzen Tisch voll Zitronen liegen, manche sind so groß wie eine groß-sächsische Kortoffel (sic!) von der größten Art, sie wiegt wenigstens zwei Pfund«, schrieb er.

Und dann entdeckte er eine Frucht, die er aus der

schlesischen Heimat nicht kannte: »Bananen sind läng-
liche Früchte, oben und unten spitz, ¼ Fuß lang und
1½ Zoll dick, die an 12 bis 15 Fuß hohen, aus Blät-
tern bestehenden Stämmen wachsen und deren Blätter
oben auseinandergehen und mindestens 4 Fuß lang und
1 Fuß breit sind.«

Auch über die Zwanglosigkeit der Brasilianer berichtete der Einwanderer Wehrsig in seinen Briefen. »Ein
Hut, ein Hemd, ein paar einfache Hosen«, beschrieb
er ihre Kleidungsgewohnheiten. Ins 21. Jahrhundert
übersetzt hieße das: »T-Shirt, Shorts, einfache Strand-
schlappen.« Vor allem aber hätte sich der Schlesier, der
bestimmt ein fleißiger Arbeiter war, mit meinem Taxifahrer in São Paulo gut verstanden. Denn genauso,
wie der sich über die Einwohner von Rio de Janeiro
mokierte, lästerte Wehrsig über die Brasilianer: »Überhaupt arbeitet jeder, wann er will und wie viel er will,
und niemand hat Ursache hier in diesem Lande, wie in
Deutschland den ganzen Tag zu schwitzen und zu arbeiten.«

Nun, zumindest das hat sich in São Paulo grundlegend
geändert. Vielleicht auch durch Einwanderer wie Friedrich Wehrsig und deren Nachfahren wie Dona Emma.
Jeden Tag, wenn ich morgens eintraf, saß sie bereits in
ihrem Büro in der Sprachschule und brütete über den
Lehrplänen. Adrett gekleidet, meist im Kostüm, fast immer mit Perlenkette. Leichtes Rouge auf den Wangen,
etwas Lippenstift und lackierte Fingernägel. Die fielen
mir besonders dann auf, wenn sie den Zeigefinger leicht
wippend in die Luft hob, um einen meiner Fehler zu
korrigieren. Jedes noch so kleine Gespräch, wenn man

sie zufällig traf, geriet zum Sprachtest. Wohlwollend, aber bestimmt.

»Andreas, wie sagt man das korrekt?«

Verwundertes Nichtverstehen, dann ein Versuch.

»Das war Spanisch!«

»Oh, ach so.«

Sie bedachte mich mit einem großmütterlich tadelnden Blick.

»Tut mir leid.«

Wenn man Spanisch bereits spricht und Portugiesisch noch lernt, hat das Vor- und Nachteile zugleich. Irgendwie verhält es sich mit diesen beiden Sprachen wie mit Deutsch und Holländisch. Der Deutsche versteht den Holländer in der Regel erst mal gar nicht, der Holländer den Deutschen jedoch sehr wohl, obgleich er das nie zugeben würde. Kann man Spanisch, kapiert man anfangs nichts von dem, was einem auf Portugiesisch erzählt wird. Man nimmt nur einen melodischen Wortschwall aus Nasal- und stimmhaften Zischlauten wahr. Der Brasilianer hat umgekehrt solche Probleme mit dem Spanischen nicht. Deutsch wie Spanisch, Portugiesisch wie Holländisch also.

Doch es gibt auch einen Unterschied. Anders als der Holländer, der im Zweifelsfall gar nicht mit einem Deutschen spricht, redet der Brasilianer einfach auf Portugiesisch drauflos, obwohl er eigentlich längst verstanden haben müsste, dass sein Gegenüber nichts versteht, weil er bloß Spanisch kann. Daher bleibt einem als neu angekommenen Gringo im Grunde nichts anderes übrig, als Portugiesisch zu lernen. Spanischkenntnisse können sich dabei als nützlich erweisen, weil manches ähnlich ist. Tricky sind nur die sogenannten »falschen Freunde«, also Wörter und Ausdrücke, die es in beiden Sprachen gibt, aber mit völlig unterschiedlicher Bedeutung.

Mein Unterricht begann jeden Tag um zehn und endete nachmittags um vier. Während des kurzen Mittagessens wurde Konversation gemacht und auf Portugiesisch parliert. Da ich fünf verschiedene Lehrer hatte, davon jeden Tag zwei bis drei und zu unterschiedlichen Tageszeiten, reichte das Thema, das ich mir fürs Mittagessen zurechtgelegt und ein wenig vorbereitet hatte, immer mehrere Tage. Nicht vorbereitet war ich allerdings auf die besagten unvorhersehbaren Begegnungen mit Dona Emma vor und nach meinem Unterricht und in den Pausen, wenn sie mir sprachlich auf den Zahn fühlte. Und die kleinen Aufsätze, die ich regelmäßig als Hausaufgabe schreiben musste, bekam ich am folgenden Tag von ihr höchstpersönlich zurück, korrigiert mit dünner, winziger roter Schrift.

Einer meiner Lehrer hieß Manuel. Seine Eltern oder Großeltern waren aus Japan eingewandert. Er selbst sprach noch Japanisch, weil er es zu Hause gelernt und überdies eine Zeit lang in Japan gearbeitet hatte. Aufgewachsen in einem typisch gemischten Einwandererstadtteil von São Paulo, kannte er sich gut mit italienischer Küche aus. Einer seiner Freunde stammte aus einer italienischen Familie, und Manuel war oft bei ihnen zu Gast gewesen. Überhaupt interessierte er sich sehr für Europa und noch mehr für Sport. Natürlich für Fußball. Neben Fußball zählen in Brasilien höchstens noch Volleyball – auch die Damenversion – und die Formel 1.

Nach wie vor bekommt fast jeder Brasilianer feuchte Augen, wenn man ihn auf Ayrton Senna anspricht. Fast alle erinnern sich noch daran, wo sie waren, als sie von seinem tödlichen Unfall 1994 auf dem Kurs im italienischen Imola erfuhren. Formel 1 ist also ein wichtiges Thema in Brasilien und eignete sich dementsprechend auch für die mittägliche Unterhaltung zwischen Manuel und mir. Und als ich dann noch erzählte, dass ich für das Formel-1-Rennen in São Paulo akkreditiert sei, hüpfte selbst die gestrenge Dona Emma aufgeregt um mich herum wie ein junges Mädchen.

Die ZDF-Sportredaktion hatte mich gebeten, aktuelle Interviews mit den Fahrern nach dem Training, dem Qualifying und nach dem Rennen zu führen. Da ich sowieso gerade in São Paulo war und am Wochenende kein Sprachkurs stattfand, organisierten wir vor Ort ein Team mit einem brasilianischen Kameramann, der erstaunlicherweise nichts mit Formel 1 am Hut hatte und sich eher befremdet von dem bunten Treiben an der Strecke zeigte. Es war das vorletzte Rennen der Saison – Sebastian Vettel fuhr auf Sieg.

Wenn man als Team von einem Fernsehsender kommt, der keine Live-Übertragungsrechte an der Formel 1 hat und dessen Reporter – also ich – weder seit Jahren in den Fahrerlagern dieser Welt rumhängt noch Michael Schumacher von ganz früher kennt, dann ist das ungefähr so, als würde ein aserbaidschanischer Journalist in gebrochenem Deutsch die erste Frage in der Berliner Bundespressekonferenz stellen. Und da man die Statements im chaotischen Fahrerlager eher en passant abgreifen musste, hielt ich, kaum an der Rennstrecke angekommen, nach dem einzigen Mann Ausschau, der mir in dieser Situation weiterhelfen konnte.

Kai Ebel. Er ist so etwas wie der Pate der Boxengasse, berichtet seit gefühlten drei Jahrzehnten – in Wahrheit sind es zwei – für RTL von jedem Rennen live aus dem Fahrerlager. Ebel ist ebenso bekannt für seine Blutsbrüderschaft mit Michael Schumacher wie für seinen extravaganten Kleidungsstil. Irgendwie kommt es mir vor, als habe er bei seinen Einsätzen mit dem Mikrofon gelegentlich schon mal einen feuerfesten Schutzanzug getragen wie die Fahrer.

Das Fahrerlager eines Formel-1-Rennens ist generell ein relativ unübersichtlicher Ort, aber in São Paulo, hatten mir erfahrene Kollegen berichtet, sei es noch schlimmer als anderswo. Auf engstem Raum liegen dort die Garagen der Rennställe nebeneinander, im Erdgeschoss eines lang gestreckten Gebäudes, das im ersten Stock das Pressezentrum beherbergt. Auf der einen Seite die Rennstrecke mit Boxengasse und Start-Ziel-Bereich, auf der anderen der hintere Teil des Fahrerlagers, in dem jeder, der dort eingelassen wurde, relativ frei herumlaufen durfte: Fahrer, Techniker, Journalisten, VIP-Gäste. Bernie Ecclestone saß dort in seinem Container. Niki Lauda wurde umringt von fotografierenden Fans. Die Fahrer gingen vor dem Rennen noch mal zur Toilette. Es war ein einziges Kommen und Gehen, und inmitten dieses Zirkus suchte ich Kai Ebel. Ich fand ihn schnell, denn der Mann ist groß und breit und trägt oft recht bunte Klamotten.

»Hallo Kai, grüße Sie, darf ich mich kurz vorstellen, mein Name ist Andreas Wunn, und ich bin der Korrespondent des ZDF für Südamerika.«

»Kein schlechter Job.«

»Ja. Finde ich auch.«

Er schlenderte langsam weiter – und ich schnell hinterher.

»Äh, ich wollte nur mal fragen … Also, ich bin zum ersten Mal bei der Formel 1 und soll ein paar Interviews machen. Und deshalb dachte ich mir, ich stelle mich Ihnen mal vor.

»Aha. Freut mich.«

»Ja, und da ihr bei RTL sowieso alle Fahrer fürs Interview bekommt, weil ihr ja live übertragt, wollte ich mal fragen, wie ich das am besten anstelle, auch ein paar Statements zu bekommen. Vielleicht kann ich mich an euch dranhängen?«

Ebel nickte. »Klar, kein Problem. Stell dich einfach neben mich und halt dein Mikro rein. Erst kommen wir, dann Sky, und anschließend kannst du ein paar Fragen stellen.«

Genauso haben wir es dann gemacht. Nur ein paarmal drängte sich ein dicker Kameramann vom österreichischen Fernsehen vor. Trotzdem bekamen wir alle Interviews, die wir brauchten. Ich fragte Sebastian Vettel, wie es sich anfühle zu gewinnen, und Michael Schumacher, wie es sich anfühle zu verlieren. Am Ende überspielten wir das Material per Satellit nach Mainz.

Montags in der Sprachschule erzählte ich all meinen Lehrern von meinen Interviews mit Sebastian Vettel, Michael Schumacher, Fernando Alonso, Lewis Hamilton und so weiter. Ich erzählte auch, dass ich am Vorabend des Qualifying auf einer skurrilen Sponsorenveranstaltung mit Fernando Alonso gewesen sei, der dort in einem teuren Hotel vor ausgewählten Gästen die Eleganz einer neuartigen Küchenplatte aus spanischer Produktion anpries. Und ich erzählte, dass ich Michael Schumacher für den einsamsten Menschen in der Boxengasse hielt, weil er dort meist mutterseelenallein herumlief und sich niemand mehr für ihn interessierte, seit er nur noch im Mittelfeld landet. Alle waren beeindruckt. Vor allem Dona Emma.

Als ich endlich fertig war mit meinem Bericht, sagte mein Lehrer Manuel: »Wir machen jetzt eine Sprachübung zum Thema Autofahren und jeder muss fünf wichtige Punkte aufschreiben, die man beim Autofahren beachten muss.« Als deutscher Gringo meinte ich natürlich genau zu wissen, worauf es ankommt. Von anschnallen über Vorfahrt beachten bis hin zu Abstand halten war so ziemlich alles dabei, was dem deutschen Autofahrer einfällt in puncto Sicherheit.

Bei Manuel sah die Liste ein bisschen anders aus. Erstens: immer Bargeld dabeihaben, damit ein Krimineller, der dich überfällt, nicht sauer wird. Zweitens: im Stau stets so viel Abstand halten, dass man, wenn notwendig, ausscheren kann. Drittens: ein altes Handy im Handschuhfach aufbewahren, das man bei einem Überfall sofort rausrückt. Und so weiter. Alles, was Manuel eingefallen war, hatte mit einem möglichen Überfall zu tun. Ich war in diesem Moment heilfroh, dass ich in São Paulo kein Auto hatte. Die Gefahr musste ja gewaltig sein.

»Bist du schon mal überfallen worden?«, fragte ich.

»Nein«, sagte Manuel.

Surfen
im Schleudergang

»Ja, hallo, mein Name ist Andreas, ich hab gehört, dass du Surfstunden gibst, und dachte mir, ich würde gerne bei dir einen Kurs machen.« Ich hatte Joãos Nummer von einem Bekannten bekommen.

»Hi Andreas! Finde das eine ganz tolle Idee!« Er sprach mich an, als sei ich ein alter Freund: »Wann passt es dir denn, Mann?«

»Vielleicht morgen schon? So um elf?«

»Geht es bei dir auch um zwölf, um elf gebe ich schon eine Stunde.«

»Schwierig. Ich hab später noch was vor. Elf wäre für mich echt besser. Geht's nicht doch?«

»Okay, ich verschiebe die andere Stunde.«

»Perfekt, also morgen um elf. Wo treffen wir uns?

»Wir treffen uns vor dem *posto* 7 in Ipanema.«

»Alles klar, also dann morgen um elf am *posto* 7.«

»Genau, Mann.«

Unser Treffpunkt war der Rettungsschwimmerposten Nummer 7 am Strand von Ipanema, direkt neben dem Arpoador-Felsen gelegen. Von dort hat man abends den besten Blick auf den Sonnenuntergang. Tagsüber sieht man hier vor allem Kids aus den Favelas, die man manchmal daran erkennt, dass sie schwere Gold- oder Silberketten um den Hals tragen.

Außerdem trifft sich an diesem Strandabschnitt Rios Surferszene.

Lange hatte ich überlegt, ob ich wirklich Surfen lernen sollte, denn dabei kann ein Gringo in Rio eigentlich nur verlieren. Von allen Seiten gab es bei diesem Thema Druck, Häme und Zweifel. Da waren meine Freunde in Deutschland, die mich bedrängten, ich sollte das mit dem Surfen doch endlich mal ausprobieren, wenn ich schon in Rio de Janeiro wohnte. Oder die Kollegen in Deutschland, die sowieso denken, in Rio arbeite man kaum und liege nur am Strand. Ihnen musste Surfen wie das Tüpfelchen auf dem i erscheinen. Und schließlich die Cariocas, die wahrscheinlich allein bei dem Gedanken an einen Gringo, der auf einem Surfboard zu stehen versuchte, das Gesicht verzogen. Daher war ich gespannt auf meinen Surflehrer. Der fand meine Idee am Telefon immerhin super.

Ich kam fünf Minuten früher und setzte mich auf eine schattige Bank auf der im typischen weiß-grauen Muster gepflasterten Promenade, ein Markenzeichen von Ipanema, direkt vor dem Rettungsschwimmerposten Nummer 7. Es war ein perfekter Samstag im Dezember. Der Sommer hatte gerade begonnen, und ganz Rio de Janeiro schien sich am Strand versammelt zu haben. Von hier aus überblickte man den Strand von Ipanema bis nach Leblon. Den hellen Sand sprenkelten unzählige rote Punkte – die bevorzugte Farbe der Sonnenschirme, die hier verliehen wurden. Der Himmel war fast wolkenlos, das Wasser strahlend blau. Es ging ein leichter Wind, und die Wellen schienen nicht allzu hoch. Zumindest von meinem Platz aus hatte ich diesen Eindruck. An mir zogen die Massen der Sonnenhungrigen vorbei. Überall Menschen. Nur mein Surf-lehrer tauchte nicht auf.

Wie oft ist schon über das völlig andere Zeitemp-finden der Brasilianer geredet, geschrieben und ge-schimpft worden. Irgendwo habe ich gelesen, dass in Brasilien das Nichterscheinen als extremste Form des Zuspätkommens angesehen wird. Pünktlich aufzutau-chen, vor allem bei einer privaten Verabredung oder zu einer Party, macht hierzulande keinen Sinn und wird manchmal sogar als unhöflich angesehen. Daher kauf-te ich mir ein *água de coco,* eine aufgeschnittene Ko-kosnuss, und trank das köstliche eiskalte Kokoswasser mit einem Strohhalm.

Eine Viertelstunde verging, ich wartete entspannt. Eine halbe Stunde verging, ich rief João auf seinem Handy an, erreichte aber nur seine Mailbox. Eine Dreiviertelstunde verging, und ich war nicht mehr ent-spannt. Schließlich war ich immer noch ein Gringo. Nach einer Stunde verließ ich den Strand. Zehn Minu-ten später rief João an.

»Andreas, wo bist du?«

»Ich hab eine Stunde gewartet, jetzt bin ich gegan-gen.«

»Wieso das? Wir haben doch zwölf gesagt!«

»Nein, João, wir haben elf gesagt.«

»Da hatte ich noch einen anderen Schüler.«

»Genau, und diese Stunde wolltest du verschieben.«

»Bist du sicher? Hatten wir nicht zwölf gesagt?«

»Nein, elf.«

»Andreas, ich weiß nicht mehr, was wir gesagt haben. Aber jetzt hab ich Zeit.«

»Ja, nur klappt das bei mir nicht. Ist zu spät.«

»Und was machen wir jetzt, Andreas?« Joãos Enttäuschung war nicht zu überhören.

»Wie sieht's morgen aus, geht bei dir elf?« Der nächste Tag war ein Sonntag.

»Elf, alles klar, Andreas, kein Problem.«

»Okay. Dann um elf?«

»Elf! Klar, Mann!«

Am nächsten Tag kam ich – nicht absichtlich – fünf Minuten zu spät. Sofort rief João auf meinem Handy an.

»Andreas, wo bist du?«

»Bin auf dem Weg und in zwei Minuten da.«

»Perfekt, Andreas. Ich hab gerade noch einen anderen Schüler und muss mit dem ein letztes Mal kurz ins
Wasser. In einer halben Stunde fangen wir an.«

»Na gut«, sagte ich hilflos.

Ich war erschöpft. João tauchte nach einer Dreiviertelstunde aus dem Wasser auf, begrüßte mich kurz und
ganz ohne schlechtes Gewissen, musste allerdings erneut weg und kehrte eine Viertelstunde später zurück.
Dann endlich begann mein Surfkurs. Mit fünfundzwanzig Stunden Verspätung.

João, achtundzwanzig Jahre alt, sah aus wie ein typischer Surfer. Schlank, muskulös, dunkelblonde Haare,
die ihm wirr in die Stirn fielen. Fünf-Tage-Bart, Model-
gesicht. An dem überfüllten Strand hatte er seine Sachen und seine Surfboards unter einem Sonnenschirm
liegen. Daneben lag seine schöne Freundin, die ihm
beim Surfunterricht zuschaute und nur ab und zu zur
Abkühlung ins Wasser ging. Jetzt stand João in seinem
Neoprenanzug vor mir und fing an.

»Also, Andreas. Du wirst heute Surfen lernen. Das Wichtigste ist, dass du immer versuchst, eins mit dem Meer zu werden. Du kämpfst nicht gegen das Meer, sondern nutzt seine Kraft.«

Genauso hatte ich mir das vorgestellt. Romantische Surferesoterik auf Brasilianisch. Wir standen am Strand mitten in der sonnenbadenden Menschenmasse. Auf dem Sand war kaum Platz für das Surfboard, auf dem ich erst einmal Trockenübungen machen musste. Zwei Dinge sollte ich mitten im Sand vor allen Leuten, die mich jedoch überhaupt nicht beachteten, lernen: paddeln und aufspringen. Ich lag bäuchlings auf dem Brett und machte Kraulbewegungen mit den Armen. Nur so kam man raus zu den Wellen.

Allerdings nur, wenn man richtig in der Mitte des Brettes lag, seinen Oberkörper dabei leicht aufrichtete und nach vorne schaute. Eine Tortur sowohl für die Rücken- als auch für die Nackenmuskeln. Noch wichtiger war das Aufspringen. Das ging so: aus der Bauchlage mit beiden Händen auf Brusthöhe nach oben drücken, mit den Füßen nach vorne schnellen, sodass sie quer auf dem Brett zu stehen kamen. Nicht zu weit vorne, nicht zu weit hinten. Im Stand musste man dann bloß noch seine Balance finden, was sich im Sand nicht weiter schwierig gestaltete. João machte es mir vor und sah nach seinem Sprung aus wie ein Kung-Fu-Kämpfer in Habachtstellung.

Ich übte. Ich paddelte mit den Armen. Ich sprang in den Stand. Nach fünf Minuten schon schien João zufrieden und sagte: »Jetzt geht's ins Wasser.« Als ich das Brett ins Wasser schleppen musste, bemerkte ich erst, wie groß es war. Es handelte sich um ein altes, schweres Modell, keins von den neuen kleinen, elastischen. Die sind zwar leichter zu tragen, aber schwieriger zu surfen. Mein Brett schien mir doppelt so lang wie ich. Und zu breit fand ich es auch. Mein Arm reichte kaum, um es von unten zu fassen. Außerdem hatte ich Angst, jemanden an diesem voll besetzten Strand umzuhauen, sobald ich mich, und damit auch das Ungetüm, nur leicht drehte. Als wir am Wasser ankamen, hievte ich das Brett umständlich auf die Wasseroberfläche. Ich war jetzt schon müde.

»Ins Wasser, ins Wasser«, rief João aufgekratzt. Er hatte kein eigenes Brett dabei und sprang in die Fluten. Ich warf mich auf mein Surfboard, hob den Kopf, schaute nach vorne und paddelte hinaus. Die Wellen kamen mir plötzlich meterhoch vor. Ich schaffte es gerade so, mich über die erste drüberzumogeln, doch schon die zweite erwischte mich frontal. Ich hatte es nicht rechtzeitig über die Welle geschafft, sie brach quasi direkt vor mir. Direkt über mir. Direkt mit mir. Die Spitze meines Brettes wurde hochgehoben. Wasser klatschte mir hart ins Gesicht. Die Welle senkte sich, toste und schäumte und bedeckte mich mit einem nicht enden wollenden Strudel. Sie riss mich mit und spülte mich fort. Alles drehte sich. Schleudergang für Fortgeschrittene.

Längst lag ich nicht mehr auf meinem Brett. Weil es jedoch mit einem Band an meinem Fuß befestigt war, zerrte es mich nun meterweit durch das reißende Wasser. Erst nach endlosen strudelnden Sekunden wusste ich wieder, wo oben und unten war. Ich hatte einiges an Salzwasser geschluckt. Irgendwann fand ich den Boden unter meinen Füßen und tauchte auf. Durchatmen. Mein Herz pochte. Meine Augen brannten. Ich drehte mich um und sah João draußen vor den Wellen. Er reckte fragend seinen Daumen in die Höhe. Ich antwortete ihm mit einem matten Daumen-hoch-Zeichen, schaute mich um und war froh, dass mein Riesensurfbrett niemanden erschlagen hatte. João winkte mir hektisch zu. Ich musste wieder raus, meine Surfstunde ging weiter.

»Los, raus, raus, schneller, schneller«, rief João mir von Weitem zu. Ich legte mich erneut bäuchlings auf das Brett und paddelte den Wellen entgegen. Die ersten zehn, zwanzig, dreißig Meter waren am kritischsten. Man musste schnell raus, damit die brechenden Wellen einen nicht zurückwarfen. Meine Schultern rotierten, ich starrte nach vorne und fixierte den Wasserspiegel vor mir, der sich langsam, aber sicher aufbäumte. Ich paddelte schneller – so schnell, als ginge es um mein Leben. Meine Arme fühlten sich ganz schwer an und bewegten sich doch mechanisch weiter. Meine Augen brannten noch immer vom Salzwasser.

Ich wollte die Welle erreichen, bevor sie brach, wollte mich nicht ein zweites Mal so durchschleudern lassen. Die Welle wuchs, und die ersten Schaumkronen zeichneten sich ab. Ich war fast da. Mit einer letzten Kraftanstrengung wuchtete ich mich und mein Brett über die Wellenkante. Das Wasser hob mich hoch, aber nach einem kurzen Moment hatte ich die Welle bezwungen. Schnell kippte ich nach unten. Für einen Moment konnte ich mich auf der Rückseite der Welle dahingleiten lassen.

»Los, weiter, weiter. Schneller, schneller paddeln!« João gönnte mir keine Pause. Er war vor mir draußen im Wasser, feuerte mich von ferne an wie ein Ausbilder in einem Bootcamp der US-Army. Ich paddelte energisch weiter. Mein Herz klopfte. All meine Muskeln zogen sich zusammen. Ich meisterte zwei weitere Wellen, war bereits am Rande der Erschöpfung, obwohl das Surfen eigentlich noch gar nicht richtig angefangen hatte. Völlig außer Atem landete ich schließlich bei João, der gemütlich im Wasser planschte.

»Hey, mach doch nicht so einen Stress«, sagte er zu mir, »immer locker!«

»Wie, immer locker? Du hast mich selbst so angetrieben!«

»Ja, klar. Du musst ja über die Wellen drüber. Aber immer locker.«

»Sehr witzig.«

»Das kommt alles. Das kommt, du wirst sehen. Jetzt hast du es erst mal geschafft.«

Wir warteten im Wasser auf die perfekte Welle für einen Anfänger wie mich. Jedes Mal, wenn ein anderer Surfer uns in die Quere kam, wurde er von João zurechtgewiesen. Da verstand er keinen Spaß. Wellen klauen ging gar nicht. Ich lag auf meinem Brett und hatte die Hände etwas oberhalb der Hüfte aufgesetzt. João schwamm hinter mir und hielt das Ende meines Brettes fest. Wir waren so weit draußen, dass die meisten Wellen hinter uns brachen. João schaute aufs Meer hinaus und fixierte das Wasser. Dann kam meine Welle. Ich lag und wartete. João gab mir im entscheidenden Moment einen kräftigen Stoß. Auf sein Kommando sollte ich aufspringen, wie ich es am Strand geübt hatte.

Einen Moment lang trieb ich mit der Welle. Dann dröhnte es von hinten: »Jetzt! Spring! Los!« Ich stieß mich mit den Händen ab. Meine Füße schnellten nach vorne und setzten seitlich auf dem Brett auf. Eine Sekunde lang dachte ich, ich hätte es geschafft, fast fanden meine Füße einen Stand. Doch im selben Moment verlor ich das Gleichgewicht. Das Brett kippte, ich verlor den Halt und stürzte mitten in die tosende Gischt. Wieder Schleudergang, endlose Sekunden unter Wasser. Ich schützte meinen Kopf, wie João es mir gezeigt hatte. Nach Luft schnappend, tauchte ich auf und blickte zu João. »Los, gleich wieder raus, schneller, mach schon!«

So ging es immer und immer wieder. Ich war noch keine halbe Stunde im Wasser, aber es fühlte sich an wie Tage. Meine Haut schien aufgeweicht. Überall Salz. João peitschte mich an, bis ich erschöpft um eine Pause bat. Widerstrebend willigte er ein. Wir ließen uns einen Moment bloß auf dem Wasser treiben.

»Weißt du«, sagte ich, »vielleicht sollte ich es mit Bodyboarding versuchen.« Bodyboards sind wesentlich kleiner als Surfbretter. Man reitet mit ihnen ebenfalls auf den Wellen, doch man muss nicht aufstehen. Man liegt einfach drauf, trägt Schwimmflossen und kommt dadurch viel leichter raus aufs Meer.

João schaute mich beleidigt an.

»Bodyboarding?«

»Ja, warum nicht? Ist sicher einfacher.« Ich war immer noch ziemlich außer Atem.

»Ja, ist schon einfacher«, sagte João tonlos.

»Genau. Was hältst du davon?«

»Vom Bodyboarding?«

»Ja.«

»Nichts.« João schüttelte den Kopf.

»Wieso nicht?«

»Hör mal. Du schaust manchmal Autorennen, oder? Da gibt es die Formel 1, dann lange nichts, und dann gibt es so was wie die Formel 3000 oder so. Niemand interessiert sich für die Formel 3000. Bodyboarding ist wie Formel 3000. Was willst du fahren? Formel 3000 oder Formel 1?«

»Na ja ...«

»Formel 3000 oder Formel 1?«

»Äh..., Formel 1?« Ich traute mich nicht, etwas anderes zu sagen.

»Genau. Los, auf geht's.« João war zufrieden und schwamm weiter raus. Ich paddelte hinterher.

Und plötzlich stand ich. Wieder hatte mich João angeschoben, wieder hatte er mir sein Kommando hinterhergeschrien, wieder hatte ich mich mit den Händen abgestoßen. Diesmal fanden meine Füße Halt. Mein rechter Fuß stand hinten. Mit ihm fühlte ich das Brett und drückte es ins Wasser. Mit dem linken, vorderen Fuß balancierte ich es aus. Meine Hüfte hielt ich gespannt. Anfangs noch in der Hocke drückte ich langsam meine Knie durch, ohne die Spannung zu verlieren. Meine Arme breiteten sich aus, um das Gleichgewicht zu halten. Ich schaute zuerst nach unten, dann nach vorne und sah das Meer und den Strand aus einer neuen, höheren Perspektive.

Der Fahrtwind, so schien es, rauschte mir in den Ohren. Ich hatte das Gefühl, dass der ganze Strand mich jetzt sah. Die Welle trug mich nach vorne. Sie hörte nicht auf, ich fuhr eine gerade Linie. Ich wollte so lange wie möglich stehen bleiben. Das Gefühl genießen.

Doch schon bald merkte ich, dass mein Ritt auf der Welle sich dem Ende zuneigte. Ich wusste, dass ich bald fallen würde, aber das wollte ich nicht. Bevor ich gar keinen Halt mehr fand, stieß ich mich ab und sprang ins Wasser. Wirbelte herum im Glücksgefühl, tauchte gleich wieder auf, sah nach hinten, raus aufs Wasser. Dort schwamm João. Er schaute zu mir hin, beide Daumen in die Luft gereckt.

Nach einer Dreiviertelstunde konnte ich nicht mehr. Immer wieder raus gegen die Wellen. Warten, springen, surfen. Noch ein paarmal stand ich. Jedes Mal etwas sicherer, jedes Mal ein erhabeneres Gefühl. Ich erwischte mich bei dem Gedanken, dass ich eins würde mit dem Meer. Ich war erschöpft.

»Ich hab es ja gesagt, das wird«, sagte João zufrieden. »Ich hab sogar schon mal einem Gringo aus Bulgarien das Surfen beigebracht.«

Ich wusste zwar nicht, was das mit mir zu tun hatte und auch nicht, dass ein Bulgare hier als Gringo durchging.

»Ja, aber ich bin total fertig.«

»Klar, das geht jedem so am Anfang. Los, ein bisschen machen wir noch.«

Wir schwammen weiter raus. Noch einige Male schaffte ich es, auf dem Brett stehen zu bleiben, doch meine Arme und Beine waren schwer wie Blei. Surfen sieht einfach aus, ist aber die Hölle. Mein Nacken tat weh vom ständigen Nach-vorne-Schauen. Mein Rücken war überanstrengt. Ich fühlte mich total gerädert, aufgeweicht und versalzen. Nach weiteren zehn Minuten gab ich auf.

»Hey, mach dir keinen Kopf«, sagte João. Bisher hat

bei mir noch niemand seine erste Stunde bis zu Ende gemacht.«

»Na ja, ich immerhin fast«, entgegnete ich.

»Genau, war ja auch gut. Ich hatte mal einen richtig kräftigen Rugbyspieler aus Neuseeland als Schüler. Selbst der hat's nicht gepackt. Der war völlig fertig.«

»Das sagst du mir erst jetzt?«

»Sag ich immer erst zum Schluss.«

Ich musste noch das Surfbrett zurück an den Strand tragen. Dann verabschiedete ich mich von João und begann zu überlegen, ob ich weiter Surfstunden nehmen würde. Das mit dem Bodyboarding würde ich allerdings auf keinen Fall weiterverfolgen. Ich fahre doch nicht Formel 3000.

Pedrinho und die Klimmzüge am Strand

Jeder, der in Rio de Janeiro lebt, muss sich früher oder später eine brasilianische Gretchenfrage stellen: Sag, wie hältst du es mit dem Sport? Vor allem wenn man in Strandnähe wohnt. Schon morgens um sechs sind die ersten Jogger in der Spur. Nicht nur in Copacabana und Ipanema gibt es zwischen Promenade und Straße einen eigenen Jogger- beziehungsweise Fahrradweg. Hier findet alles statt, was in der prallen Sonne anstrengend ist: Laufen, Radeln, Skateboardfahren. Senioren quälen sich an den eigens für sie aufgestellten, leicht zu stemmenden Kraftgeräten. Andere machen Gymnastik im Sand. Direkt am Strand treffen sich die Beachvolleyballer. Sie scheinen Frühaufsteher oder Spätschläfer zu sein. Ob um sechs in der Früh oder um Mitternacht – immer kann man sie schon oder noch spielen sehen. Der Carioca schläft nicht, er treibt zu jeder Tages- und Nachtzeit Sport. Er will gut aussehen für den Strand und fit sein für die Nacht. Und dafür nimmt er einige Qualen auf sich.

Das bereitete mir natürlich ein schlechtes Gewissen, wenn ich am Strandkiosk saß und ständig Menschen sah, die an mir vorbeijoggten. Irgendwann ging mir das aufs Gemüt. Und deshalb treibe auch ich inzwischen regelmäßig Sport.

Eigentlich bin ich ein recht sportlicher Typ: So mit

dreizehn war ich Trierer Jugendbezirksmeister im Weitwurf, mit siebzehn Jugendvereinsmeister in meinem Tennisclub, und mit dreißig bin ich den Frankfurter Marathon mitgelaufen – und angekommen. Von Judo bis Yoga habe ich vieles ausprobiert. In Rio jogge ich bevorzugt abends, wenn es schon dunkel ist und nicht mehr so heiß. Und ich habe das Strandkrafttraining für mich entdeckt.

Ich finde, jeder Mann sollte, auf den Sport bezogen, drei Dinge beherrschen. Beim Billard eine souveräne Figur abgeben, von jetzt auf gleich zwanzig Liegestütze schaffen und ebenfalls ad hoc zehn Klimmzüge hinlegen können. So weit die Theorie. Das mit dem Billard habe ich bereits vor langer Zeit aufgegeben. Das mit den Liegestützen ist kein Problem, aber an meinen Klimmzügen musste ich arbeiten. Praktischerweise hat die Stadtverwaltung von Rio an so gut wie allen Stränden der Südzone im Abstand von ein paar hundert Metern kraftraubende Folterinstrumente aufgestellt. Es handelt sich um stabile Gerüste aus Rohren und Stangen, an denen sich die verschiedensten Kraftübungen ausführen lassen. Eine Reckstange mit abgewinkeltem Ende ist genauso dabei wie ein schulterbreiter Minibarren oder eine Art Sprossenwand und mehrere Griffe und Halterungen, an denen man sich hochziehen kann. Alles miteinander verbunden, um die verschiedensten Übungen für unterschiedliche Muskelpartien kombinieren zu können.

Vor allem abends ist das Kraftgerüst ein beliebter Treffpunkt für Fitnessfans aus allen sozialen Schichten. Jungs aus der nahen Favela trainieren hier ebenso wie der gut situierte Seniorenjogger, der zwischendurch kurz etwas für seine Oberarme tun will. Die Königsklasse des Kraftgerüsts sind eindeutig die Klimmzüge. Ich schaffte zunächst gerade mal drei hintereinander. Eine ziemliche Blamage.

»Bist du neu hier?«

Pedrinho, einen Kopf kleiner als ich, stand vor mir mit Schultern doppelt so breit wie meine. Er wohne in Copacabana und mache irgendwie in Tourismus, erzählte er. Wie ich später erfahren sollte, verdient er sein Geld unter anderem damit, dass er es verleiht. Eine Woche für dreißig Prozent Zinsen.

»Äh, ja, ich komme aus Deutschland, wohne aber jetzt in Rio.«

»Schon viel trainiert?«

»Na ja, noch nicht so richtig. Fange gerade erst an.«

»Das ist gut. Wenn du das regelmäßig machst, wirst du schnell Fortschritte sehen. Auch mit den Klimmzügen.«

Pedrinho absolvierte mehrere Zwölfersätze hintereinander mit nur kurzen Pausen dazwischen, die Hände weit auseinander, was am schwersten ist. Genau wie seine Kumpel. Während der Klimmzüge ließen sie die Joggerstrecke nebenan nicht aus den Augen. Wenn ein paar schöne Frauen vorbeiliefen, rief Pedrinho: »Na, ihr Schönen! Wollt ihr nicht ein bisschen mittrainieren?« Worauf diese sich im Laufen umdrehten, Pedrinho ein ehrliches Lächeln schenkten und dann dankend verneinten: »Nein, mein Lieber, das müsst ihr leider ohne uns machen.«

Sofern ich nicht für den Sender unterwegs bin, gehe ich mittlerweile ein paar Abende in der Woche zum Kraftgerüst am Strand und bin seitdem tatsächlich zunehmend besser geworden. Die Zahl der Klimmzüge, die ich hintereinander schaffe, steigt. Pedrinho und seine Kumpel, die fast immer da sind, quittieren meine Bemühungen mit anerkennendem Nicken und Daumenhoch-Zeichen. Irgendwann sagte Pedrinho: »Andreas, morgen ist Samstag, da haben wir nachmittags ein Spiel, am *posto 5* in Copacabana, kommst du vorbei?«

»Was für ein Spiel?«

»Futevôlei.«

Futevôlei ist eine Mischung aus Fußball und Volleyball, wurde in Brasilien erfunden und wird grundsätzlich am Strand gespielt. Zwei gegen zwei auf einem Volleyballfeld mit Netz. Auch die Regeln sind annähernd gleich, nur dass der Ball ausschließlich mit den Füßen, den Beinen, dem Oberkörper oder dem Kopf gespielt werden darf. Nicht mit den Händen. Das Ganze sieht unglaublich schwierig aus und erfordert höchstes Ballgefühl. Ich habe es nie ausprobiert, da sich meine fußballerischen Fähigkeiten in Grenzen halten und ich schon als Junge höchstens ins Tor durfte. Trotzdem wollte ich hin. Pedrinho und ich verabredeten uns für zwei Uhr nachmittags. Er kam pünktlich. Ich war perplex.

»Pedrinho, für einen Carioca nimmst du es mit der Uhrzeit aber ziemlich genau.«

»Hab ich in Frankreich gelernt«, sagte er nicht ohne Stolz. »Pünktlichkeit und Respekt.«

»Was hast du denn in Frankreich gemacht?«

»Fußball gespielt für einen Club in Korsika, zweite Liga.«

Pedrinho erzählte mir, dass er jahrelang als Profifußballer um die Welt getingelt sei. Er hatte sich den

Traum von Millionen Brasilianern erfüllt und vom Fußballspielen gelebt. Er war mehrere Jahre in Korsika, dann in Saudi-Arabien und schließlich in Bolivien. Dort trat er eine Zeit lang für einen Verein in Potosí an, einer alten, unwirtlichen Silberminenstadt auf rund 4000 Metern Höhe, die ich noch aus meiner Zeit in Bolivien kenne.

»Wie hast du es als Carioca in Potosí ausgehalten?«

»Es war die Hölle. Jedes Mal, wenn ich wieder dorthin zurückkam, hatte ich tagelang Nasenbluten. Die Höhe macht einem zu schaffen, man schläft schlecht. Alles ist anstrengend, und man braucht Zeit, um sich einzugewöhnen. Und es ist so kalt dort. So schrecklich kalt.« Auch heute lebt er zum Teil noch vom Fußball. Vom Futevôlei, um genau zu sein, denn es wird um Geld gespielt. Manchmal um gar nicht so wenig.

Pedrinho ging ins Wasser, um sich abzukühlen, während er auf seine drei Mitspieler wartete. Schließlich begann das Spiel. Die beiden Zweiermannschaften hechteten durch den Sand und bemühten sich, den Ball in der jeweils gegnerischen Hälfte zu versenken. Sie grätschten, sie sprangen, sie stießen, sie schossen. Der Ball musste immer in der Luft bleiben und durfte den Boden nicht berühren.

Beide Teams spielten wunderschöne Kombinationen, gaben sich Vorlagen mit dem Innen- oder Außenrist, spielten den Ball mit der Brust zurück oder mit dem Kopf. Es ging hin und her in einer großen Kunstfertigkeit. Schon nach ein paar Punkten waren alle vier nass geschwitzt. Das Publikum am Rand verfolgte jeden Angriff und jede Parade mit Raunen und Applaus. Ich klatschte mit. An der Promenade blieben Spaziergänger und Strandläufer stehen, um zuzuschauen. Am Ende verlor Pedrinho knapp und war eine halbe Stunde lang sehr wütend. Dann saßen wir an einem Kiosk, schauten aufs Wasser und tranken ein eiskaltes Bier.

Irgendwann lächelte er wieder und sagte: »Weißt du, Andreas, wir sind alle verliebt in den Fußball. Er ist für uns das Wichtigste. Und wenn wir hier am Strand spielen, entspannen wir uns einfach. Futevôlei ist wie eine Flucht aus dem Alltag.«

Wie sein Alltag im Geldverleih aussieht, habe ich ihn nie gefragt. Aber er ist ein typischer Carioca und eignet sich bestens für ein wenig Strandphilosophie. Daher fragte ich: »Wie würdest du den typischen Carioca beschreiben?

»Den typischen Carioca? Er ist auf jeden Fall extrovertiert. Ein Typ, der dich nach ein paar Minuten zum Bier einlädt oder zum Fußball. Er ist ganz spontan und immer gut drauf. Das hat vielleicht auch mit dem Klima zu tun. Hier scheint ständig die Sonne, das ganze Jahr, hier ist so gut wie immer Sommer. Und deshalb sind die Menschen in Rio einfach anders.«

»Und der Carioca liebt den Strand?«

»Der Strand ist für uns ein großes Vergnügen. Am Wochenende geht der Carioca auf jeden Fall an den Strand. Wenn er kann, auch während der Woche. Um zu baden, um mit seinen Freunden zu quatschen und um Sport zu treiben. Wir wollen fit sein, aber vor allem wollen wir uns gut fühlen. Der Strand ist ganz wichtig und für viele Cariocas ja nur wenige Minuten von ihrer Wohnung entfernt.«

»Strand und Fußball?« Ich gab ihm ein weiteres Stichwort.

»Ja, klar. Fußball ist superwichtig. Fußball ist die große Liebe der Brasilianer. Selbst wenn es in allen anderen Bereichen deines Lebens schlecht läuft und du nur Reis und Bohnen zu essen hast – solange es im Fußball stimmt, ist alles in Ordnung. Wenn dein Verein gewinnt, bist du glücklich. Deshalb wird die WM hier in Brasilien großartig werden – wir Brasilianer sind eben verliebt in den Fußball.«

Wir trafen und treffen uns noch häufig abends am Kraftgerüst. Genau wie Pedrinho es mir prophezeit hatte, machte ich große Fortschritte. Inzwischen schaffe ich drei Einheiten Klimmzüge mit jeweils zehn Wiederholungen hintereinander. Einmal waren es sogar zwanzig auf einmal. Danach taten mir meine Arme den ganzen Tag so weh, dass ich sie kaum heben konnte.

Häuptling Almir
rettet den Regenwald

Häuptling Almir war pikiert: »Es ist bei uns Tradition, sich zu einer Feier anzumalen. Auch die Gäste.«

Wir standen auf der Veranda des einfachen Hauses, das seinem Bruder gehörte. Es war schon Abend und stockdunkel. Ein paar Meter weiter fing der Urwald an, man konnte ihn hören und riechen und spüren. Es war drückend heiß. Ich schwitzte. Moskitos sirrten in der Luft und umschwirrten jede Lampe, die sie finden konnten. Und mich, so ziemlich den einzigen richtigen Gringo weit und breit.

Ich war im brasilianischen Amazonasgebiet, im Bundesstaat Rondônia auf dem Territorium der Surui-Indianer. Häuptling Almir ist der Clanchef, obwohl er erst Mitte dreißig ist. 1350 Mitglieder zählt sein Stamm noch. Sie leben in ein paar verstreuten Dörfern auf einem Gebiet fast so groß wie das Saarland. Erst vor gut vierzig Jahren hatten die Surui zum ersten Mal Kontakt mit der Zivilisation. Es hätte sie fast umgebracht. Viele gingen an der Welt der Weißen, die vor allem Krankheiten, Alkohol und Abholzung brachte, zugrunde. Von den damals 5000 Indianern überlebten gerade mal 250. Erst Jahrzehnte später, in den Achtzigerjahren, nachdem die brasilianische Regierung ihnen ein eigenes Territorium zugestanden hatte, erholte sich das Volk langsam wieder von dieser Katastrophe. »Der Kontakt«

nennen die Surui diese traumatisierende Begegnung mit der Zivilisation.

Jetzt also anmalen. Häuptling Almirs Bruder hatte für die Farbe gesorgt und aus ein paar Sapoti-Pflanzen eine tiefdunkle Tinktur gepresst, die mit einem Zweigende direkt auf die Haut aufgetragen wurde. Auf der Veranda des Hauses waren alle versammelt. Schweigend malte der Häuptling im fahlen Lichtschein seine Frau an, besser gesagt eine seiner Frauen. Es war wie eine Meditation. Allerdings schien er sich ein wenig darüber zu ärgern, dass der schwarze Saft etwas zu flüssig geraten war. Einfache Streifenmuster an den Armen sollten es werden, doch die wässrige Flüssigkeit lief der Häuptlingsfrau die Unterarme herab und bildete hässliche Schlieren. Es sah nicht besonders gelungen aus, doch der Häuptling schwieg dazu.

Die anderen Clanmitglieder bemalten sich ebenfalls. Die Männer trugen sich gegenseitig Farbe auf den Oberkörper auf, die Frauen verzierten einander die Arme. Nur Häuptling Almir bemalte auch sein Gesicht. Mit einem runden dunklen Klecks um den Mund, etwa so groß wie ein Bierdeckel. Er verlangte das Gleiche von mir. Aber ich wollte nicht. Zwei Wochen würde die Farbe nicht abgehen, hatte er mir gesagt.

Und deshalb war der Häuptling pikiert. »Wir feiern morgen ein Fest für euch. Und heute bemalen wir uns festlich«, sagte er. Es war der vorletzte Tag unseres Aufenthalts. Für den folgenden Tag hatte Almir uns zu Ehren eine große Zusammenkunft der verschiedenen Familien seines Stammes organisiert. Alle würden kommen.

»Das weiß ich wirklich sehr zu schätzen, Häuptling«, meinte ich.

»Normalerweise bemalen sich unsere Gäste ebenfalls. Das hat noch nie jemand abgelehnt.«

»Ich lasse mich gerne bemalen«, antwortete ich. »Auf der Brust, gar kein Problem. Im Gesicht ist es etwas anderes.«

Er war nicht zufrieden.

»Häuptling Almir, die Farbe geht zwei Wochen lang nicht ab, hast du gesagt. Das geht für mich nicht. Ich muss schließlich arbeiten!«

Mein Kamerateam und ich waren in das brasilianische Amazonasgebiet geflogen, um einen Bericht über Häuptling Almir und sein Volk zu drehen. Wie kaum ein anderes indigenes Volk kämpfen die Surui gegen die Abholzung des Regenwalds und haben, so sagten sie uns, in den vergangenen Jahren rund 100 000 Bäume gepflanzt.

Brasilien ist riesig, vierundzwanzigmal so groß wie Deutschland, und alles sehr weit weg. Auf dem Weg zum Surui-Territorium mussten wir vier verschiedene Flüge nehmen. Von Rio de Janeiro erst nach Belo Horizonte, dann nach Goiânia, wieder eine Zwischenlandung in Cuiabá, bis wir schließlich in Ji-Paraná landeten. Wir waren den ganzen Tag unterwegs. In dieser Zeit hätte man locker einmal von Rio nach Frankfurt fliegen können. Direkt.

Am Flughafen stand ein Pick-up-Truck für uns bereit, und der Häuptling hatte uns einen Fahrer geschickt. Er brachte uns in die Provinzstadt Cacoal zu Almirs Büro, einem kleinen Häuschen am Rand einer Ausfallstraße. Dort empfing uns stolz der junge Häuptling, von dem wir schon so viel gehört hatten.

Am meisten beeindruckt war ich von seiner Papageienfederkrone. Er trug sie zu offiziellen Anlässen – und es war selbstverständlich ein offizieller Anlass, wenn ein Team des deutschen Fernsehens für ein paar Tage bei ihm vorbeischaute. Die vielen bunten Federn von unterschiedlicher Größe waren geschickt an mehrere gerundete Zweige geflochten und standen in alle Richtungen ab. Die Krone war autoreifengroß und saß tief in der Stirn. Zu seinem Outfit gehörten außerdem ein T-Shirt, Shorts und Badelatschen, mit denen er auch an der Copacabana in Rio de Janeiro nicht weiter aufgefallen wäre.

Der Häuptling war ein kleiner, dicker Mann mit halblangen Haaren, tiefdunklen Augen und einer platten Nase. Er sah ungefähr aus wie eine aufgeblasene Comicversion von Jackie Chan. Und spätestens als er sein iPhone aus der Tasche zog, war mir klar, dass wir es mit einem Exoten in jeder Hinsicht zu tun hatten. Wie sich bald herausstellte, besaß er außerdem ein Mac Book Air sowie einen iMac. Und zwei Ehefrauen.

Da wir beide nicht perfekt Portugiesisch sprachen, verstanden wir uns auf Anhieb prächtig. Irgendwie ging mir damals durch den Kopf, dass es vielleicht gar keinen allzu großen Unterschied machte, ob man in Brasilien als Indio oder als Gringo lebte. So sehr man sich auch bemühte, man stand immer ein bisschen abseits. Bloß dass ein Gringo schneller einen Sonnenbrand bekam.

Ich bewunderte also sowohl seine Papageienfederkrone als auch seine Apple-Ausstattung. Seinerseits fühlte er sich geehrt, dass wir die lange Reise auf uns genommen hatten, um ihn zu interviewen. Dabei kennt

Häuptling Almir sich mit medialer Aufmerksamkeit sehr wohl aus. Denn er ist nicht nur in seinem Regenwald zu Hause, sondern auch auf den Rettet-den-Regenwald-Foren dieser Welt. Hat an den Klimagipfeln in Cancún und Kopenhagen teilgenommen und Al Gore ebenso die Hand geschüttelt wie Prinz Charles. Fotos in seinem Büro dokumentieren die Begegnungen. Er macht gewissermaßen den Roy Black des Regenwalds und tingelt von einer Konferenz zur anderen, um der Welt von seinem Volk und seinem Kampf gegen die Abholzung zu erzählen. In sechsundzwanzig Ländern hat er schon über den Amazonas gesprochen, mehrmals auch in Deutschland. In Holland wurde er wegen seiner Papageienfederkrone einmal vom Zoll festgehalten und durfte erst nach hartnäckiger Intervention des brasilianischen Konsuls, der schnell zum Flughafen geeilt war, Stunden später weiterreisen.

»Ihr seid herzlich eingeladen, im Haus des Häuptlings zu übernachten«, hatte er über sein Büro ausrichten lassen. Und: »Bringt Hängematten mit.« Die befanden sich ebenso in unserem Gepäck wie Moskitonetze und eine reiche Auswahl an Gastgeschenken, die von Badeschlappen über T-Shirts und Angelhaken bis hin zu Plastikmainzelmännchen reichten. Im Supermarkt kauften wir noch Lebensmittel für mehrere Tage ein und machten uns in zwei Trucks in Richtung Regenwald auf. Die Fahrt von Cacoal ins Reservat dauerte gut eineinhalb Stunden und führte vorbei an gerodeten Feldern, die jetzt für die Viehzucht oder den Ackerbau genutzt wurden. Am Straßenrand sah ich immer wieder blonde Kinder spielen. Söhne und Töchter von Farmern, die aus dem Süden Brasiliens einwanderten und Nachfahren früher europäischer Siedler sind.

Häuptling Almir und seine Entourage, die aus mehreren Stammeskollegen bestand, fuhren in einem knallgelben Pick-up voraus. Obwohl die Grenze zum Surui-Territorium nur durch ein verrostetes Straßenschild markiert war, merkte man den Unterschied sofort: Überall Wald, keine gerodeten Flächen. Uns kam es vor wie eine grüne Wand. Licht und Schatten wechselten sich ab. Links und rechts des Feldwegs flogen Bäume und Sträucher am offenen Autofenster vorbei. Wir hielten an einer provisorischen Brücke – einem stabilen Brett, das über einen Bachlauf gelegt war –, stellten unsere Kamera auf und ließen Häuptling Almir in seinem knallgelben Pick-up mehrfach vorbei- und wieder zurück- und wieder vorbeifahren. So ist das beim Fernsehen, doch ihm schien es Spaß zu machen. Ich war erleichtert: Das sah gut aus für die nächsten Tage.

Das Hauptdorf des Surui-Territoriums besteht aus ein paar verstreuten Häusern, die am Ufer eines winzigen Sees liegen. Einige sind aus Holz gebaut, andere aus Stein. Ein Schulgebäude mit einem Klassenraum bietet Platz für knapp zwanzig Schüler jeden Alters, die in der Surui-Sprache unterrichtet werden. Portugiesisch ist Fremdsprache.

Wir wurden freudig begrüßt, luden ab, und dann zeigte man uns das Haus des Häuptlings: drei Zimmer ohne Möbel, ein Flur und eine Küche. Almir pendelte zwischen Provinzstadt und Regenwald hin und her. In Cacoal wechselte er sogar zwischen zwei Häusern und seinen zwei Frauen. Jetzt, im Regenwald, hatte er nur eine dabei. Während unserer Anwesenheit schlief er bei seinem Bruder, und wir hängten unsere Hängematten samt Moskitonetzen in den drei leeren Zimmern auf. Ein Mädchen aus dem Dorf, das nicht gut kochen konnte, wurde uns zum Kochen zugeteilt.

Wir wollten drei Tage mit Häuptling Almir drehen, hatten allerdings einen Reservetag eingeplant, falls es regnen sollte. Regen im Regenwald ist brutal: Heftig und unerbittlich dauert er oft den ganzen Tag. Oder er kommt urplötzlich und hört sofort wieder auf. So oder so unberechenbar. Und bei Regen draußen für die Filmaufnahmen eine Papageienfederkrone zu tragen, das konnte man komplett vergessen.

Am nächsten Morgen ging es los. Wir drehten: Häuptling Almir in seinem Pick-up, Häuptling Almir mit seiner Familie, Häuptling Almir in der Baumschule, Häuptling Almir mit den Dorfältesten, Häuptling Almir in der Hängematte, Häuptling Almir beim Pflanzen eines Baumes, Häuptling Almir in der Stammesversammlung, Häuptling Almir in der Dorfschule. Dazwischen immer wieder Interviews. Ich fand, dass der Chief hinsichtlich seiner Eloquenz und seines Charismas irgendwo zwischen Bill Clinton und Barack Obama rangiert. Ehrlich. Er sagte Sachen wie: »Ich bin hier zu Hause. Ich bin hier geboren und aufgewachsen. Hier habe ich gelernt, dass wir alle zusammenarbeiten müssen. Für eine bessere Welt. Das hat mir der Wald beigebracht.«

Er spricht druckreif. Er ist ein Profi, das merkte ich sofort. Als Fernsehreporter freut man sich jedes Mal, wenn man einen trifft, der gut reden kann. Häuptling Almir war der erste seines Volkes, der eine Universität besuchte. Ging weg aus seinem winzigen Amazonas-dorf in die Millionenstadt Goiânia – er, der Exot aus dem Urwald. Obwohl jeder ihn das spüren ließ, ver-folgte er unbeirrt seinen Weg.

Aus einer Häuptlingsfamilie stammend, hat er schon früh Verantwortung für sein Volk übernommen. Und weil er klar erkannte, dass die Surui ums Überleben kämpften, gab es für ihn nur eine Möglichkeit: Think big. Er stellte einen Fünfzig-Jahres-Plan für sein Volk auf, in dem er die Grundzüge eines Bildungssystems und einer Gesundheitsversorgung entwarf und sich mit der Schaffung von Erwerbsquellen beschäftigte. Seine Idee, die auch auf internationalen Foren diskutiert wur-de, ist simpel: Er will profitieren vom Wert des Waldes. Amazonaszertifikate auf den globalen Emissionsmarkt werfen. Die Welt soll die Surui dafür bezahlen, dass sie ihren Regenwald schützen, statt ihn zu zerstören.

Geld fürs Nichtabholzen. Er träumt von Millionen-einnahmen. »Wir müssen uns überlegen, wie wir künf-tig Einkünfte aus dem Regenwald erzielen können und was wir mit ihnen machen. Da geht es um Umwelt-schutz- und Kulturprojekte, Ökotourismus, nachhalti-ge Produkte aus dem Regenwald und um Aufforstung.«

Doch sein größter Coup war die Partnerschaft mit Google. Häuptling Almir lächelte stolz, als er mir da-von erzählte. Die Geschichte begann dramatisch. Ein paar Jahre zuvor musste er Brasilien verlassen, da er mit dem Tod bedroht wurde. Illegale Holzfäller waren hinter ihm her. Ihnen gefiel nicht, wie selbstbewusst und entschlossen Almir, damals noch nicht Häuptling, gegen die illegalen Rodungen Stimmung machte. Er flüchtete in die USA und blieb dort ein paar Monate. Irgendwann kam ihm der Gedanke, einfach mal bei Google vorbeizuschauen.

Nun ist es nicht wirklich einfach, einen Termin in der Google-Zentrale im kalifornischen Silicon Valley zu bekommen. Häuptling Almir und seine Papageienfederkrone aber schafften es. Eine halbe Stunde, unteres Management. Daraus wurden schnell drei Stunden, und die nächsthöheren Chefs kamen dazu. Der Mann aus dem Amazonas überzeugte die Google-Manager. Es war der Beginn einer wunderbaren Freundschaft.

Noch heute ist Häuptling Almir stolzer Besitzer eines Google-Kugelschreibers. Nicht nur das: Eine Google-Delegation kam in den Regenwald mit Computern und GPS-Geräten im Gepäck, die sie daließ, als sie wieder abreiste. Und jeder, der heute bei Google-Earth im Amazonas herumsurft oder »Surui« eingibt, stolpert über das virtuell bestens erschlossene Territorium der Surui-Indianer. Wer bei Google-Earth gefunden wird, kann so schnell nicht von der Landkarte verschwinden, hofft Häuptling Almir. »Laptops sind unsere Pfeile und Bogen geworden«, erläuterte er mir. »Wir treten in einen Dialog, damit sich bei den Menschen ein Bewusstsein entwickelt. Damit sie mit uns für unseren Regenwald kämpfen.« Druckreif.

»Ich zeig euch mal unseren Supermarkt«, sagte Häuptling Almir. Sein Bruder brauchte für die Familie noch ein paar Lebensmittel, und so fuhren wir los. Die Sonne stand schon tief, bald würde es dunkel werden. Als wir in den Wald einfuhren, spürten wir hinten auf der offenen Ladefläche des Pick-up sofort die kühle Frische. Die Baumkronen über uns schienen wie verwachsen und bildeten eine natürliche grüne Klimaanlage. Es ging mitten durch den Wald auf einem schmalen, kaum befahrenen Feldweg, über dem Äste und Blattwerk hingen. Wir mussten uns jedes Mal schnell ducken, wenn wir wieder unter einem Baum durchrumpelten.

Nach gut zehn Minuten hielt der Wagen. Es ging noch ein paar Schritte zu Fuß durchs Dickicht, bis wir eine Lichtung erreichten, auf der wir neben riesigen Bananenstauden groß gewachsene Maniokpflanzen sahen. Mit der Hacke bearbeitete Almirs Bruder die Wurzeln, riss sie aus dem Boden, teilte sie und befreite sie von der feucht-mehligen Erde. Der Häuptling stand zufrieden daneben und kümmerte sich um seine Gäste, also um uns. Moskitos schwirrten umher, es wurde langsam dunkel, und wir mussten zurück. Zum Essen eingeladen wurden wir nicht. Wir hatten schließlich unsere eigene Köchin und die Reserven aus dem richtigen Supermarkt.

Der Lieblingsort von Häuptling Almir schien seine Hängematte zu sein. Immer wenn wir bei den Dreharbeiten eine Pause machten, legte er seine Papageienfederkrone ab – und sich kurz hin. Die Hängematte auf der Veranda seines Bruders war offenbar ihm vorbehalten. »Häuptling Almir, was hörst du da?«, fragte ich ihn. Er hatte es sich gerade bequem gemacht, sein Mac Book Air auf dem Schoß, und aus den Laptoplautsprechern klang Musik.

»Unsere Musik«, antwortete er. Irgendjemand hatte einen rhythmischen Surui-Tanz aufgenommen. Die einfache Musik eines Volkes, das bis vor gut vier Jahrzehnten noch keinen Strom kannte. Und jetzt per Soundfile auf dem Laptop zu hören war. Entwicklung im Zeitraffer. Der junge Häuptling lächelte stolz und hielt einen kleinen Mittagsschlaf.

Am Nachmittag stellte er uns seinen Vater vor, den früheren Häuptling. Jetzt war er über achtzig und hockte in einem knallgelben T-Shirt und Gummilatschen vor seinem Haus. Er wäre das ideale Aushängeschild eines jeden Tattoostudios, denn sein zerfurchtes Gesicht durchzogen mehrere tätowierte Linien. Als er so alt war wie sein Sohn, waren Pfeil und Bogen das Wichtigste für die Surui. Auch jetzt hielt er einen hölzernen Speer in der Hand. Sein Sohn und ich setzten uns zu ihm. Der Vater sprach, und der Häuptling dolmetschte. »Bevor die Weißen kamen, hatten wir nur das, was der Wald uns gab«, sagte der Alte. »Aber je mehr wir von der Welt der Weißen lernten, desto größer wurden unsere Bedürfnisse. Plötzlich wollten wir Sachen haben, die wir vorher nicht kannten und nicht brauchten. Wir wollten immer mehr. Wir besaßen immer mehr. Glücklicher gemacht hat uns das alles nicht.«

Glücklich sah der Vater wirklich nicht aus. Nur ein bisschen stolz vielleicht, dass sein Sohn jetzt Häuptling war.

Dann der krönende Abschluss unseres Aufenthalts. Häuptling Almir hatte, wie angekündigt, ein großes Fest organisiert. Einmal im Monat trafen sich die Familien der Surui auf einer Lichtung im Wald. Es gab geröstete Dschungelmaden und gekochtes Schweinefleisch. Einfache Handwerkskunst wurde zum Verkauf angeboten, krumm getöpferte Tonschüsseln und Urwaldschmuck aus getrockneten Früchten und Kernen. Eine Art Showroom der Surui-Kultur unter freiem Himmel. Eigentlich, so sagte uns Häuptling Almir, diene die Veranstaltung dazu, die Kinder und Jugendlichen des Stammes an ihre Herkunft und ihre Kultur zu erinnern. Doch heute war alles anders: Im Mittelpunkt standen die Gringo-Gäste. Wir.

Natürlich wurden wir erst einmal gezwungen, die gerösteten Dschungelmaden zu probieren. Es knirschte, als ich draufbiss, war aber halb so schlimm. Häuptling Almir nickte zufrieden und machte uns fröhlich und ausführlich mit allen bekannt. Irgendwann gab es einen Tanz uns zu Ehren. Die vier, fünf engsten Berater des Häuptlings stellten sich in einer Reihe in ihrer Festaufmachung hin: freier Oberkörper mit Urwaldketten aus Leder um den Hals, Federkrone, angemaltes Gesicht und Bambusspeere in der Hand. Einer hatte sich eine Papageienfeder durch die Nase gestochen. Ein anderer trug am Fußgelenk eine Rassel. Sie hakten sich unter und wippten immer einen Schritt vor, einen Schritt zurück und sangen dabei eine stets gleiche Melodie. Wir filmten. Und der Pressesprecher des Häuptlings hielt alles mit einer digitalen Spiegelreflexkamera fest.

Häuptling Almir beobachtete das Ganze wie ein Feldherr, der eine Parade abnimmt. Auch er mit nacktem Oberkörper und Lederketten um den Hals, einen mannshohen Flitzebogen in der Hand. Nur seine etwas zu protzige, dennoch nicht allzu teure Armbanduhr passte nicht recht ins Bild. Als ich ihn darauf ansprach, sagte er nur: »Wir leben in unserem Territorium zwei Kulturen gleichzeitig. Ich stehe hier mit meiner Krone und meinem Bogen. Aber auch mit meiner Armbanduhr. Wir wollen in beiden Kulturen leben und so in einen Dialog treten.«

Nach ein paar Stunden musste Häuptling Almir plötzlich weg, ein paar andere Dörfer besuchen. Wir könnten ihn begleiten, meinte er. Was folgte an diesem Samstag, war eine durchaus beeindruckende Lektion in Sachen Machtgebaren eines talentierten Lokalpolitikers. Häuptling Almir wohnte während der Woche in der Stadt oder war auf Reisen. Im Territorium hielt er sich eigentlich nur am Wochenende auf. Und deshalb musste er, wenn er schon mal da war, den verschiedenen Familien und Siedlungen seines Volkes einen Besuch abstatten. Nach dem Rechten schauen. Ein offenes Ohr beweisen. Allianzen schmieden und Kompromisse aushandeln. Immer auf die Schnelle, für einen Händedruck, ein anerkennendes Wort vielleicht oder eine kleine Ansprache. Ein mitfühlendes Nicken, eine herzliche Verabschiedung und auf zur nächsten Familie. Genauso – nur eben nicht im Regenwald – stelle ich mir den Alltag eines Bundestagsabgeordneten auf Heimatbesuch in seinem Wahlkreis vor. Oder das Wochenende eines rheinland-pfälzischen Ministerpräsidenten, der samstags mindestens fünf Weinfesten einen Kurzbesuch abstatten muss, ohne betrunken zu werden. Oder zumindest nur ein bisschen.

Wir gelangten zu einem Platz, wo ein paar Dutzend Männer zum Bogenschießen versammelt waren. Viele hatten ihren eigenen Bogen dabei. In gut zehn Metern Entfernung stand eine Zielscheibe. Nach jedem Schuss liefen die Kinder dem Pfeil nach und brachten ihn zurück. Großes Hallo, als der Häuptling kam. Eine Zeit lang schauten wir dem Wettbewerb zu. Jeder hatte mehrere Schüsse frei, keiner traf ins Schwarze. Einige schossen sogar am äußeren Zielkreis vorbei.

Nach einer Weile machte sich Häuptling Almir bereit. Er stellte sich auf mit seinem Bogen, legte an. Die Aufmerksamkeit der Männer war ihm jetzt sicher. In der linken Hand hielt er den Bogen, mit der rechten zog er den Pfeil zurück. Beide Augen waren offen, fixierten Pfeil und Ziel, dann biss Almir sich auf die Zunge und ließ los. Mit einem Zischen flog der Pfeil davon. Der Häuptling und sein Volk schauten ihm gebannt nach.

Ich war gespannt. Schlagartig wurde mir bewusst, dass es sich hier nicht bloß um Sport und Freizeitvergnügen handelte. Es war eine Machtdemonstration, doch der Schuss konnte auch schnell nach hinten losgehen. Im wahrsten Sinne des Wortes. Der Häuptling würde daran gemessen werden, ob er traf oder nicht. Es war eine Frage der Ehre. Das wussten in diesem Moment alle. Vor allem er selbst.

Der Pfeil ging ins Schwarze. Der Jubel war groß. Für den Bruchteil einer Sekunde sah ich die Erleichterung auf seinem Gesicht, dann drehte sich Häuptling Almir breit lachend um und nahm seinen Applaus in Empfang. Es war der erste und blieb der einzige Schuss, den er an diesem Nachmittag abgab.

»Häuptling Almir, das war ein beeindruckender Schuss«, sagte ich zu ihm, als wir abends auf seiner Veranda saßen.

»Ja«, sagte er und war sichtlich zufrieden mit sich.

»Du kamst dorthin, hast einmal geschossen und sofort getroffen. Es war clever von dir, nicht noch mal zu schießen.«

»Ich wollte die anderen auch drankommen lassen.«

»Na ja, aber es wäre durchaus ein kleines Risiko ge-

wesen. Der zweite Schuss hätte schließlich danebenge-
hen können.«

Schweigen.

»Oder?«

»Na ja ... Ja, wäre vielleicht ein wenig riskant gewesen.«

»Wirklich sehr clever von dir, Häuptling Almir.«

»Ja, kann schon sein.« Er lächelte.

Es war der letzte Abend unseres Besuchs. Häuptling
Almir war nicht mehr beleidigt wie am Tag zuvor, weil
ich mich nicht im Gesicht anmalen lassen wollte. Was
ihn jedoch betraf, so trug er selbstbewusst seinen kreis-
runden Klecks um den Mund. Und ich würde ein großes Souvenir auf meiner Brust zurück nach Rio mitnehmen. Mein ganzer Oberkörper war verziert mit
dunkelblauen Streifen, die in unterschiedlichen Richtungen verliefen. Anfangs zumindest, denn wegen der
zu flüssigen Farbe war alles sofort zu einem einzigen
großen Fleck zusammengelaufen. Von der Gürtellinie
aufwärts über die Brust bis zu den Achselhöhlen. Alles
blau. Natürlich wurde es fotografisch festgehalten. Ich
mit dem Häuptling. Ich mit seinen Beratern. Ich mit einer eigens für mich angefertigten Federkrone. Ich mit
freiem Oberkörper genau wie die anderen und stolz
geschwellter Brust. Ganz in Blau. Und es traf zu, was
Häuptling Almir gesagt hatte. Die Farbe ging zwei Wochen lang nicht ab.

Sophia und die Begegnung
im Flugzeug

Als ich Sophia zum ersten Mal begegnete, wusste ich nicht, dass ich ihre Stimme längst kannte.

Nach einem überschwänglichen und umständlichen Abschied von Häuptling Almir nahmen mein Team und ich einen Flieger in die Hauptstadt Brasília, um dort noch schnell ein anderes Interview zu machen. Abends, auf dem Weg zum Flughafen, hörten wir im Radio von Verspätungen. Auch der Flug nach Rio ging erst mal nicht raus. Wir warteten stundenlang. Flughäfen in Brasilien sind Albträume. Ausnahmen gibt es leider keine. Ob Rio de Janeiro, São Paulo oder Brasília: Es empfiehlt sich immer, viel Zeit, viel Geduld, gute Nerven und ein gutes Buch mitzubringen. Falls es wieder wie so oft länger dauert.

Wir saßen im überfüllten Abflugbereich, und ich war froh, dass ich noch einen Sitzplatz ergattert hatte. An der einzigen, winzigen Cafeteria, die genau in der Mitte der sternförmig angeordneten Gates liegt, musste man für einen Kaffee gute zwanzig Minuten Schlange stehen. Das Licht war grauenhaft, schien neongleißend von der Decke wie in einem OP-Saal. Alle Infotafeln zeigten unterschiedliche Zeiten und Gates an. Durch den quäkenden Lautsprecher kamen ständig ohrenbetäubend laute Durchsagen, die ich wegen der miserablen Tonqualität nicht verstand. Da ich nur Wortfetzen mitbekam, setzte ich die Kopfhörer meines iPods auf und hörte Musik von Jamie Cullum, das weiß ich noch ganz genau.

Und dann sah ich Sophia.

Sie saß zwei Reihen weiter vorne im Wartebereich, das Gesicht mir zugewandt. Sie las in einem Buch und brauchte dafür eine schmale Lesebrille, die ihr auf den ersten Blick etwas Strenges verlieh. Manchmal schaute sie leicht gelangweilt auf, nahm die Brille ab und richtete die Augen auf die Anzeigetafel. Kniff sie kurz zusammen, was bei ihr ein leichtes Stirnrunzeln verursachte. Ohne Brille wirkte sie jünger, ich schätzte sie auf Ende zwanzig. Schmales Gesicht. Große dunkle Augen. Langes dunkles Haar. Von der Sonne gebräunte Haut. Brasilianischer ging es nicht. Wie aus einem Surferkatalog. Und natürlich die schönste Brasilianerin, die ich je gesehen hatte.

Ich beobachtete sie minutenlang, sie bemerkte mich nicht. Ich fragte mich, was sie wohl machte. Arbeitete sie als Model, Schauspielerin, Moderatorin, Ärztin, Rechtsanwältin, Bankerin, Rettungsschwimmerin? In Brasilien weiß man das nie so genau. Alles ist möglich, nichts ist sicher. Wohnte sie in Brasília und flog für ein paar Tage nach Rio? Oder war sie nur kurz in Brasília gewesen und in Rio zu Hause? Oder kam sie aus São Paulo? Vielleicht saß sie ja am falschen Gate und wollte gar nicht nach Rio, sondern nach São Paulo.

Was, wenn sie in dem ganzen Flughafenchaos den falschen Flieger nahm? Und erst kurz vor dem Start ihren Irrtum bemerkte, von ihrem Sitz aufsprang und nach draußen hetzte. Oder erst nach dem Start und sich deshalb halb verzweifelt, halb amüsiert ein Glas Wein bestellte. Falls es überhaupt Wein im Flugzeug dieser Airline gab, denn selbst das war in Brasilien keinesfalls sicher. Aber vielleicht saß sie ja tatsächlich am richtigen Gate und flog ganz einfach nach Rio de Janeiro. Wie ich. In diesem Fall würde ich sie ansprechen, das nahm ich mir vor.

Claus, der neben mir saß, stieß mich an. Ich nahm meine Kopfhörer ab.

»Andreas, *tudo bem?*«, fragte er amüsiert. Alles klar? Er schaute mich herausfordernd von der Seite an. Er hatte es bemerkt, für so was besitzt er einen Blick. Philippe, mein Kameramann, las dagegen konzentriert in seiner Wirtschaftszeitschrift.

»Ja, *tudo bem*«, sagte ich. »Glaubst du, sie ist eine Carioca?«

»Auf jeden Fall scheint sie genau dein Typ.«

»Ja, schon klar. Aber glaubst du, sie ist eine Carioca?«

»Würde sagen, ja.«

Ich konnte meine Augen nicht von ihr lassen. Irgendwann wurde unser Flug aufgerufen. Alle standen auf und stellten sich in eine Schlange. Sie auch. Wir packten ebenfalls unsere Sachen und reihten uns ein. Weit hinter ihr. Nach und nach gingen die Passagiere an Bord. Der Flug war so gut wie ausgebucht. Alle drängelten sich durch die Reihen und versuchten ihr Handgepäck in den Fächern über den Sitzen zu verstauen. Die Klimaanlage lief auf Hochtouren, der Flieger war eisgekühlt. Philippe hatte unsere große Kamera dabei, die in manchen Flugzeugen nicht in die Gepäckfächer passt, was jedes Mal eine kleine Diskussion mit einer Stewardess auslöst. Diesmal gab's keine Probleme. Claus, Philippe und ich nahmen unsere Gangplätze ein. Neben mir, auf der anderen Seite des Gangs, saß Sophia.

Sie hatte ihr Handgepäck, eine kleine Umhängetasche, neben ihren Füßen auf dem Boden abgestellt. Jetzt konnte ich auch sehen, was sie las. Es war die Biografie von Apple-Gründer Steve Jobs. Auf Englisch. Schnell holte ich mein iPhone raus und spielte mit wichtiger Miene ein bisschen darauf rum, bevor ich es vor dem Start ganz ausschaltete. Die Maschine rollte an. Sophia schien die Welt um sich herum nicht wahrzunehmen, las konzentriert und kümmerte sich nicht um das Ruckeln des Fliegers auf der Startbahn oder das Heulen der Turbinen, nicht um den kleinen Schub im Bauch beim Abheben und schon gar nicht um mich.

Jedes Mal, wenn ihr ein paar Haarsträhnen ins Gesicht fielen, schob sie sie zurück hinter ihr linkes Ohr. Trotz der Klimaanlage hatte sie ihr Jackett ausgezogen, trug jetzt nur ein schwarzes Top. Ich sah ihre schmalen Schultern, ihre dünnen, aber nicht untrainiert aussehenden Arme. Ihr sich deutlich abzeichnendes Schlüsselbein. Sie hingegen schaute nicht von ihrer Lektüre auf. Fast verstohlen wanderte mein Blick immer wieder zu ihr, wobei ich meinen Kopf ganz leicht nach rechts wandte. Nicht zu sehr, um nicht aufzufallen. Meine Augen verdrehte ich dafür umso mehr. Sie bekam nichts mit, schien mich überhaupt nicht zu bemerken und sich in einer Art Tunnel zu befinden. Das war das Problem.

Ich überlegte krampfhaft, wie ich sie ansprechen konnte. Mit Steve Jobs vielleicht? Auch ich hatte seine Biografie gelesen. Ich könnte irgendwie darauf Bezug nehmen. Einen Witz darüber machen, dass er Veganer war und in seinen frühen Jahren oft tagelang nicht geduscht hatte. Oder ihr erzählen – als etwas ernsthaftere Variante –, wie beeindruckend ich seine Kreativität und seine Entschlossenheit fand. Oder dass ich mir auf YouTube seine Rede vor der Abschlussklasse der Universität Stanford angesehen hatte. Wie er den Studenten dort zurief, sie sollten hungrig und verrückt bleiben und ihre Zeit nicht damit verschwenden, das Leben eines anderen zu leben. Oder war es besser, eine Diskussion über die Apple-Produktpalette zu beginnen, angefangen vom Macintosh bis hin zum iPhone? Oder eine elegante Mischung aus allem? Das wäre doch was.

Die Stewardessen kamen mit ihren Wägelchen. Ich bestellte eine Coca Zero. Als Sophia gefragt wurde, was sie gerne trinken würde, schaute sie zum ersten Mal von ihrem Buch auf. Sie schenkte der Stewardess ein Lächeln, legte den Kopf kurz schief, um zu überlegen, und entschied sich für ein Guaraná Zero, eine brasilianische Limonade ebenfalls in der Lightversion. Mit Eis. Dann bedankte sie sich freundlich. Die Stewardessen zogen weiter. Sophia las nicht gleich weiter, nahm einen Schluck Guaraná und schaute nachdenklich ins Leere.

Jetzt oder nie. Ich wusste, dass ich sie jetzt ansprechen musste, bevor sie sich wieder in ihr Buch vertiefte. Das war meine Chance. Steve Jobs. Veganer, Kreativität, Macintosh, iPhone, Stanford: Alles wirbelte in meinem Kopf durcheinander. Womit sollte ich anfangen? Was sollte ich sagen? Irgendwas über Apple. Irgendwas über Steve Jobs? Irgendwas Witziges, irgendwas Geistreiches, irgendwas Charmantes? Apple, iPhone, Jobs. Ich drehte mich langsam zu ihr hin. Wollte schon loslegen, da sah ich im letzten Moment etwas in ihrer Hand, das mich irritierte. Ein Samsung-Handy. Kein iPhone? Was hatte das nun wieder zu bedeuten? Apple, Jobs, iPhone, Samsung. Besser nicht über Apple sprechen? Nicht über Steve Jobs? War das bei ihr vielleicht doch kein so gutes Thema? Innerhalb von Sekunden schossen mir tausend Gedanken durch den Kopf. Schon hatte ich mich zu ihr gewandt. Sie hob den Blick, schaute mich an. Jetzt musste ich etwas sagen. Apple, Jobs, Samsung.

»Hoffentlich regnet es in Rio nicht«, sagte ich.

Ich bin nicht wirklich stolz darauf, dass unser erstes Gespräch mit einem Geplänkel über das Wetter begann. Aber es funktionierte. Sophia wirkte nur einen winzigen Moment lang irritiert, dass ich sie anquatschte. Dann sagte sie genauso freundlich wie beiläufig, sie hoffe ebenfalls, dass es in Rio nicht regne. Jetzt bloß nicht die Konversation einschlafen lassen, dachte ich mir, während ich mich noch über mein Wetteropening ärgerte.

Trotzdem blieb ich beim Thema und erzählte ihr, ich sei einmal im Flieger aus São Paulo gekommen und da habe es in Rio de Janeiro dermaßen geschüttet, dass wir nicht landen konnten und zurück nach São Paulo mussten. Dass zu allem Überfluss eine Schwangere in unserem Flugzeug einen Schwächeanfall erlitt. Unser Glück, wie sich herausstellte, denn deshalb durften wir im Eiltempo vor allen anderen Maschinen landen. Die Frau wurde von Sanitätern abgeholt, wir warteten eine Stunde an Bord und flogen wieder nach Rio de Janeiro, wo der Regen inzwischen aufgehört hatte. Sophia wirkte sanft und freundlich, lachte manchmal und sah mich immer wieder mit ihren großen Augen an. Wir hielten uns an unseren Plastikbechern mit Null-Zucker-Cola und Zero-Limonade fest und redeten.

»Woher kommst du?«, fragte sie mich.

»Aus Deutschland, aber ich wohne jetzt in Rio de Janeiro.«

»Ich hab früher mal in Deutschland gelebt. Als Kind, in Bonn. Und später ein Jahr in Berlin zum Studium. Jetzt wohne ich auch in Rio.«

»Das heißt, du sprichst Deutsch?«

»Ja.«

»Und was machst du so?

»Ich bin Journalistin. Beim Radio.«

»Echt?« Ich sagte es genauso bescheuert, wie es jetzt klingt.

»Ja, ich moderiere die Morgennachrichten.«

»Echt?« Noch mal bescheuert. »Ich höre deinen Sender jeden Morgen«, schwadronierte ich weiter. »Diesen aufgeregten Hubschrauberreporter, der von den Staus berichtet, und den uralten Kommentator, der jeden Morgen um Punkt acht in einem südbrasilianischen Portugiesisch, das wie Spanisch klingt, Tipps für die Karriere gibt. Außerdem diese nervige Werbung für den Supermarkt Prezunic. Und natürlich die Nachrichten.«

»Ja, genau«, lachte sie.

»Dann hab ich dich bestimmt schon gehört. Bestimmt.«

»Kann leicht sein.«

Wir redeten den ganzen Flug lang. Ich fand sie bezaubernd, erzählte ihr, was ich hier so machte, und erfuhr, dass sie in São Paulo geboren wurde – also keine Carioca! – und als Kind in den späten Achtzigern ein paar Jahre in Bonn gelebt hatte, wo ihr Vater als Zeitungskorrespondent akkreditiert war. Während des deutschen Winters fuhr die Familie jedoch nach Rio de Janeiro, um bei Onkeln und Tanten den brasilianischen Sommer zu verbringen. Als Sophia ins Teenageralter kam, kehrten sie nach São Paulo zurück – seitdem nimmt sie insgeheim alle Städte unter zehn Millionen Einwohnern nicht wirklich ernst.

Sie studierte zunächst in ihrer Heimatstadt, bevor sie für zwei Semester nach Berlin ging. Zurück in Brasilien zog sie nach Rio de Janeiro, um beim Radio anzufangen. Ihr Vater wechselte irgendwann von der Zeitung zu einem Fernsehsender. Sie hatte lange überlegt, ob sie ebenfalls Journalismus studieren sollte. Erzählte mir, dass es der dringende Wunsch ihres Vaters gewesen sei, sie sich das jedoch für sich anfangs nicht vorstellen konnte.

Ich erzählte ihr meinerseits, dass ich nach dem Abitur nicht zur Bundeswehr gehen, sondern lieber Zivildienst in Bolivien machen wollte, obwohl mein Vater damals ausgerechnet Leiter des Kreiswehrersatzamts in Trier war. Meine Verweigerung stieß bei den freundlichen Kreiswehrersatzmitarbeitern auf Stirnrunzeln, bei meinem Vater auf völliges Unverständnis. Was folgte, war eine mittelschwere Familienkrise. Bei Sophia lief es anders. Sie wurde trotz anfänglicher Bedenken Journalistin und ist glücklich in ihrem Beruf. Noch vor der Landung hatten wir unsere halben Lebensgeschichten ausgetauscht.

Neben Sophias Gangplatz war der mittlere Sitz frei. Daneben saß am Fenster ein dicker Brasilianer, der bisher gelangweilt auf seinem iPad herumgespielt hatte, mittlerweile aber aufmerksam zuhörte. Er drehte sich zu Sophia um. »Du hast also in Deutschland gelebt? Und? Hat es dir da gefallen?« An seinem Hemd standen drei Knöpfe offen. Sein Akzent verriet seine Herkunft aus den ländlichen Regionen des Bundesstaates São Paulo.

»Ja, ich hab sehr gerne dort gelebt«, sagte Sophia.

»Aha. Wirklich?«

»Ja, Deutschland hat echt seine schönen Seiten.« Man beachte diese Formulierung. Irgendwie gelangt man bei einem Gespräch mit Brasilianern über Deutschland immer schnell in die Defensive. Selbst als Brasilianerin.

»Und Brasilien? Lebst du jetzt gerne wieder in Brasilien?«

Sophia schaute zu mir herüber und schmunzelte. Sie wusste genau, dass bei dieser Frage eines Brasilianers ein simples: »Ja, ich lebe sehr gerne in Brasilien« keinesfalls ausreichen und den Frager nie und nimmer zufriedenstellen würde. Also legte sie den Kopf leicht schief, lächelte und sagte mit leuchtenden Augen: »*Eu adoro o Brasil.*« Ich bete Brasilien an. Anbeten ist in Brasilien ein durchaus gängiger Begriff, wenn man etwas richtig gut findet. Sophias Sitznachbar nickte anerkennend, ließ ihre Antwort ein bisschen auf sich wirken, nickte erneut heftig und bestätigte dann seinerseits aus vollem Herzen: »Ja, Brasilien ist wirklich fantastisch!« Wir lachten. Brasilianer verstehen sich darauf, ihr Land fantastisch zu finden und trotzdem relativ sympathisch rüberzukommen.

Wir waren schon fast im Landeanflug. Obwohl mein Gesicht glühte vom vielen Reden und vom vielen Sophia-in-die-Augen-Sehen hatte ich das Gefühl, dass die Klimaanlage immer stärker blies. Wie so oft. Deshalb trage ich meist im Flieger meinen grauen Kapuzenpulli, dessen Reißverschluss sich bis zum Hals zuziehen lässt, und dazu ein kariertes Halstuch, das mir mal ein Freund aus Kambodscha mitgebracht hat. Eine vielleicht etwas sehr legere Kombination, die jedoch jeglicher Art von Flugzeugerkältung vorbeugt. Insbesondere bei Nachtflügen, auf denen ich zusätzlich die Kapuze aufsetze und mich mit Ohrstöpseln und Schlafbrille von der Umwelt abschotte. Auf diesem kurzen Flug von Brasília nach Rio de Janeiro trug ich allerdings nur ein Hemd und mein Halstuch. In Rio würden es über 30 Grad sein, doch im Flieger war es kalt. Deshalb fummelte ich jetzt an den Düsen der Klimaanlage über meinem Sitz herum.

»Ihr Deutschen! Immer Ärger mit der Klimaanlage, was?«, sagte Sophia herausfordernd.

»Eigentlich nicht. Hab mich dran gewöhnt.«

»Wirklich? Als Gringo dran gewöhnt? Im Taxi, im Kino, in den Shopping Malls?«

»Absolut. Nur im Flugzeug nicht.«

»Wenn ich Besuch von Freunden aus Deutschland bekomme, stöhnen die alle ständig. Nehmen sich Pullover mit ins Kino und bekommen jedes Mal einen Kälteschock, wenn sie ins Taxi steigen.«

»Ja, musste mich auch erst dran gewöhnen. Ist bei Gringos wohl so«, sagte ich und zuckte lachend mit den Schultern. Sophia lächelte zurück.

»Und das mit dem Wasser. Alle Deutschen trinken so viel Wasser. Das ist mir schon in Berlin aufgefallen. Alle liefen ständig mit Wasserflaschen in der Uni rum.«

»Zwei Liter am Tag.«

»Genau, zwei Liter am Tag soll man trinken, das erzählen dir alle Deutschen. Ich würde mal sagen, kein Brasilianer trinkt zwei Liter Wasser am Tag. Wie soll das denn gehen?«

Wir redeten und redeten und bemerkten kaum, wie die Maschine auf der Landebahn aufsetzte. Sophia hatte ihr Buch nicht mehr angeschaut. Ich bildete mir ein, dass sie sich wieder in einem Tunnel befand – nur war ich diesmal dabei. Mir allein schien sie ihre Aufmerksamkeit zu schenken. Mal abgesehen von dem Intermezzo mit ihrem Sitznachbarn, der sich jedoch nach dem kurzen Geplänkel diskret zurückgehalten und wieder seinem iPad gewidmet hatte.

Ich sah Sophia weiter an, während sie sprach. Wollte mir jedes Detail ihres Gesichts einprägen. Den Klang ihrer Stimme. Im O-Ton und nicht im Radio. Ihr Portugiesisch, das nach São Paulo klang. Noch hatte ich nicht ihre Haut berührt, wusste nicht, wie sie roch – schließlich lag der Mittelgang des Flugzeugs zwischen uns. Ich würde mich am Gepäckband von ihr verabschieden, wie in Brasilien üblich mit einem Luftkuss auf beide Wangen, und dabei meine rechte Hand leicht auf ihren linken Oberarm legen. Stehen bleiben, wenn sie wegging, ihr nachschauen, bis sie verschwand. Erst dann würde ich aus meinem Tunnel auftauchen, in die Wirklichkeit zurückkehren und gemeinsam mit Claus und Philippe unser Equipment vom Band auf die drei Gepäckwagen hieven.

Aber noch saßen wir im Flieger, auch wenn die Maschine bereits ans Gate rollte. Plötzlich fiel mir doch noch was zu Apple ein. Ich erzählte Sophia, dass die

Biografie des Apple-Gründers verfilmt werden sollte. Hatte ich zumindest gelesen. Mit Ashton Kutcher in der Rolle des jungen Steve Jobs. Es würde allerdings noch dauern, bis der Film in die Kinos käme. Kino? Mein Herz klopfte mit einem Mal bis zum Hals.

»Hast du Lust, demnächst mal mit mir ins Kino zu gehen?«

»Ja, gerne«, sagte Sophia schnell.

Das erste Date

Ich wäre natürlich am liebsten direkt am nächsten Tag nach unserem gemeinsamen Flug mit Sophia ins Kino gegangen. Dachte mir jedoch, dass ein bisschen Zurückhaltung nicht schaden könnte. Also schrieb ich ihr erst mal eine E-Mail, schickte ihr den YouTube-Link mit der Stanford-Rede von Steve Jobs und schrieb ihr, dass ich sie am Morgen im Radio gehört hätte. Den ergänzenden Satz, ihre Stimme habe wunderschön geklungen, löschte ich wieder. Immer schön langsam.

Auch das mit dem Kino war so eine Sache. Viele Menschen oder Paare – oder Menschen, die Paare werden wollen – gehen ins Kino, um zu knutschen. Weil sie denken, dass man dort, nebeneinander auf bequemen Polstern bei einem romantischen Film sitzend, sehr leicht zueinanderfinden kann. Es soll allerdings ebenfalls Leute geben, die wirklich vor allem deshalb ein Kino besuchen, um sich einen Film anzusehen. Ich muss ganz unromantisch gestehen, dass ich eigentlich zur zweiten Sorte gehöre. Weil ich nämlich viel zu neugierig auf den Film bin, als dass ich mich von wem auch immer neben mir ablenken lassen möchte.

Vielleicht war das alles sowieso viel zu weit gedacht, rief ich mich zur Ordnung. Kino als erstes Date hatte generell den Vorteil, erst mal nicht so viel reden zu müssen und später trotzdem ein schönes gemeinsames

Thema zu haben, falls sich nichts Weitergehendes anbot. Gleichzeitig war da der Nachteil, nicht viel reden zu können, obwohl man gerne möchte, und später kluge Dinge über den Film sagen zu müssen.

Auf meine Mail reagierte Sophia auf jeden Fall süß, und einen Tag später lud ich sie per SMS ins Kino ein. Sie sagte sofort zu. Die Auswahl an Kinofilmen in Rio de Janeiro ist mal so, mal so. Großer Vorteil: Hier wird nichts synchronisiert, sondern alles läuft im Original mit Untertiteln. Viele Kinos sind in Shopping Malls untergebracht und erinnern mit ihrem fehlenden Charme an die gesichtslosen Multiplexkinos in Deutschland, ohne jedoch an deren Qualität in Sachen Bequemlichkeit und Bild- beziehungsweise Tonqualität heranzureichen. Wir entschieden uns, warum auch immer, für den Film über Margaret Thatcher mit Meryl Streep und verabredeten, dass wir uns vor dem Kino im Shopping Rio Sul treffen würden.

Ich kam zu früh und wartete. Sie war pünktlich, trug ein dunkles Sommerkleid, das ihre Schultern freiließ, und dazu flache Schuhe. Sie strahlte. Wir begrüßten uns mit zwei Luftküsschen links und rechts. Ich sagte: »Eigentlich wollte ich mit dir einen ganz romantischen Liebesfilm schauen. Und jetzt das.« Ich zeigte auf das Filmplakat mit einer säuerlich-streng dreinschauenden, als Margaret Thatcher verkleideten Meryl Streep.

»In deinem Traum«, sagte Sophia lachend auf Deutsch.

»Du meinst: Träum weiter?«

»Ja, genau. Träum weiter!«

»Na, das fängt ja gut an«, sagte ich und markierte den Enttäuschten.

Wir kauften unsere Eintrittskarten und gingen in den Kinosaal. Wenn man es als Paar oder als Date geschafft hat, sich im Vorfeld auf einen Film zu einigen, stellt die Auswahl der Sitzplätze die erste richtige Belastungsprobe dar. Ich sitze gerne vorne, so fünfte Reihe ungefähr, und stehe damit ziemlich alleine auf der Welt da. Mit ein Grund, warum ich manchmal lieber ohne Begleitung ins Kino gehe. Die meisten wollen nämlich hinten sitzen. Meine Meinung: Wer hinten sitzt, kann sich den Film genauso gut zu Hause auf dem Laptop anschauen.

»Wo möchtest du sitzen?«, fragte ich Sophia.

»Irgendwo in der Mitte vielleicht?«, antwortete sie.

»Mitte ist super«, sagte ich.

Wir redeten die ganze Werbung hindurch und während der Trailer. In Brasilien nichts Ungewöhnliches. Selbst nach Beginn des Hauptfilms nicht. Dann sagen viele Brasilianer schnell per Handy noch jemandem Bescheid, dass sie gerade im Kino sitzen. Der Film begann. Sophia und ich sahen uns kurz an, lächelten und schauten wieder nach vorne auf die Leinwand. Die Handlung lief schleppend an. Ich kam gar nicht mehr dazu, mich zu entscheiden, ob ich mich voll auf den Film oder mit einem Auge auf Sophia konzentrieren sollte. Nach zwanzig Minuten nämlich vibrierte mein auf lautlos gestelltes Handy. Ich bemerkte die ausländische Nummer, machte auf Brasilianer und ging ran.

»Andreas, hier ist Carlos.« Unser Producer aus Venezuela.

»Carlos, was gibt's?«, flüsterte ich. »Ich bin gerade im Kino.«

»Aha. Hast du gerade eine Minute?«

»Warte kurz.«

Ich sah entschuldigend zu Sophia rüber, die lächelnd mit den Schultern zuckte, stand auf und ging ins Foyer. Carlos rief an wegen Hugo Chávez und seiner Krebserkrankung und der Gerüchte, dass alles viel schlimmer sei als gedacht und es bald zu Ende gehen könnte. Nur Gerüchte. Carlos sollte sich drum kümmern. Ich kehrte zurück in den Kinosaal. Als ich mich hinsetzte, berührte ich Sophia leicht an der rechten Schulter. Vergeblich versuchte ich mich auf den Film zu konzentrieren, dachte nur an sie. Ich spürte sie neben mir, konnte sie allerdings aus den Augenwinkeln nicht richtig sehen.

Passenderweise vibrierte mein Handy erneut, als Meryl Streep alias Margaret Thatcher sich gerade über den Falklandkrieg ausließ. Über »What's App« kam eine Nachricht von Silvina, unserer Producerin aus Argentinien: »Zugunglück in Buenos Aires, viele Tote. Ich sage dir Bescheid, wenn ich mehr weiß.« Ich sah auf meinem iPhone schnell bei den deutschen Agenturen und im Internet nach, ohne etwas zu finden. Also schrieb ich zurück: »Okay. Ich rufe Mainz an, halt mich auf dem Laufenden.«

Wieder warf ich Sophia einen entschuldigenden Blick zu und ging ins Foyer, um den Kollegen der ZDF-Nachrichtenredaktion Bescheid zu sagen. Sie hatten gerade eine erste Meldung aus Argentinien in den Agenturen gelesen. Weil es aber schon später Abend war in Deutschland, vertagten wir die Sache auf morgen. Je nach Schwere des Unglücks würden wir am nächsten Tag darüber berichten. Ich ging wieder in den Saal und bekam langsam ein schlechtes Gewissen. Doch Sophia war an solche Situationen seit ihrer Kindheit gewöhnt, erzählte sie später. Durch ihren Vater und jetzt durch den eigenen Job. Irgendwann war der Film zu Ende, ohne dass ich richtig reingekommen wäre. Und ich fand ihn auch nicht besonders beeindruckend. Wir schlenderten aus dem Kino.

»Ging so, der Film, oder?«, sagte ich.

»Ja. Irgendwie hat er mich nicht gepackt«, meinte Sophia.

»Wie können wir den angebrochenen Abend noch retten?«

»Hmm, was schlägst du vor?« Sophia setzte ein Pokerface auf.

»Sollen wir an den Strand gehen? Kleiner Abendspaziergang?«

»Gute Idee, Herr Wunn.«

Wir nahmen ein Taxi nach Copacabana. Als wir ankamen, zeigte das Taximeter 11,40. Ich gab dem Fahrer 12 Reais, er gab mir einen zurück.

»Ich werde die brasilianischen Taxifahrer nie verstehen«, sagte ich zu Sophia, als wir ausgestiegen waren.

»Ja, die runden immer ab.«

»Genau. Dabei würde ich ihnen ja gerne ein Trinkgeld geben, aber das ist verdammt schwer.«

»Da kannst du mal sehen. Geld ist eben nicht alles.«

»Stell dir das in Deutschland vor. In Berlin.«

Sophia lachte. »Kein Vergleich. Berliner Taxifahrer gehen gar nicht. Die sind sogar unfreundlich, wenn man ihnen Trinkgeld gibt.«

»Und hier runden sie ab, das ist echt total verrückt.«

»Wir haben eben in Brasilien die nettesten Taxifahrer der Welt.«

»Nicht so nette wie in Kolumbien. Wir waren mal auf einem Dreh in Cali und fuhren abends mit dem Taxi zurück ins Hotel. Claus, unser Producer, saß vorne und zahlte. Er gab dem Taxifahrer ein Trinkgeld, und weißt du, was der dann sagte?«

»Was denn?«

»*Gracias, mi rey.*« Danke, mein König.

»Nicht schlecht.«

»Er hat's leider zu Claus gesagt, nicht zu mir. Zu mir hat noch nie jemand ›mein König‹ gesagt.« Ich gebe zu, das war bisschen plump.

»Ich sag's auch nicht«, konterte Sophia.

»Schade eigentlich.«

Wir spazierten über das berühmte grau-weiße Pflaster mit dem Wellenmotiv der Strandpromenade von Copacabana, Richtung Leme. Obwohl inzwischen schon nach zehn, waren noch viele Jogger und Fahrradfahrer unterwegs. Auf dem Sand wurde im Flutlicht Fußball und Volleyball gespielt. Andere machten Zirkeltraining und Dehnungsübungen. An den Kiosken tranken die Menschen Bier und Caipirinha. Die meisten aber schlenderten wie wir durch den warmen Abend und unterhielten sich. Der Strand war wie ein großer Spielplatz für Erwachsene, selbst um diese Zeit. Doch obwohl er hell erleuchtet war, ging niemand direkt am Wasser spazieren. Zu gefährlich, sagten die meisten Cariocas, man könnte überfallen werden.

»Dir gefällt es ziemlich gut in Rio, oder?«, fragte Sophia.

»Ja, stimmt. Ich finde Rio einzigartig. Es ist ein gutes Leben hier, wenn man genug Geld hat. Alles findet draußen statt. Die Cariocas sind entspannt und freundlich. Rio macht es einem wirklich leicht.«

»Ich finde Rio auch wunderschön und lebe sehr gerne hier. Nur manchmal ist es mir ein bisschen zu langsam. Und ein bisschen zu provinziell.«

»Im Vergleich zu São Paulo?«

»Ja, im Vergleich zu São Paulo.« Sie machte eine Pause und dachte nach. »Und du, vermisst du Deutschland?«

Ich überlegte. »Nicht oft. Ich vermisse meine Familie und meine Freunde. Und manchmal vermisse ich es, mich überhaupt nicht fremd zu fühlen. Ansonsten eigentlich nichts.«

»Aber du bist doch ein echter Deutscher. Du musst das deutsche Brot vermissen, das deutsche Bier, die deutsche Wurst, den deutschen Käse und so weiter.« Sophia stupste mich an.

Ich lachte. »Nur ganz selten. Eigentlich nicht.«

»Ich habe in Deutschland die Sonne vermisst«, sagte Sophia. »In Berlin war es im Winter fürchterlich. Kein Licht. Und so kalt. Wochenlang unter null Grad. Minus 10, ein paar Tage sogar minus 15 Grad. Die Kälte stach einem ins Gesicht wie mit tausend kleinen Nadeln. Ich konnte überhaupt nicht nach draußen gehen. Es ist unmöglich, wirklich unmöglich für eine Brasilianerin, im Winter in Berlin glücklich zu werden.«

»Das kann ich gut verstehen«, sagte ich.

Wir gingen vorbei am *posto* 1, dem ersten Rettungsschwimmerposten, und steuerten auf den Morro do Leme zu, den Hügel, der den Strand von Copacabana auf der östlichen Seite begrenzt. Dahinter, jedoch von Gebäuden verdeckt, der Zuckerhut. Am Fuße des Hügels führt ein schmaler Weg an einem dem Strand vorgelagerten Felsen entlang. Viele Angler standen hier trotz der späten Stunde. Wir blieben auf halbem Weg stehen und betrachteten das Bild, das sich uns bot, sahen die funkelnden Lichter von Copacabana und konnten am anderen Ende im gelben Schein der Lampen das alte Fort erkennen, das den Strand von Copacabana auf westlicher Seite begrenzt. Rechts oben, weiter entfernt, der erleuchtete Cristo. Minutenlang schauten wir aufs Meer und auf den Strand. Mal redeten wir, dann sagten wir lange Momente nichts. Ich traute mich nicht, sie zu küssen.

Nach einer Weile brachen wir auf und drehten um. Spazierten zurück auf der Strandpromenade Richtung Copacabana, als es plötzlich zu regnen anfing. »Wollen wir zu mir?«, sagte ich einfach. »Ich wohne direkt um die Ecke. Hab einen großen Balkon mit Hängematte.«

»Der nutzt uns jetzt auch nichts«, meinte Sophia lachend und hob ihre Arme über den Kopf, die Handflächen nach oben, um den Regen zu spüren.

»Stimmt. Aber das hört sicher gleich wieder auf.« Wir schauten beide erwartungsvoll in den tiefdunklen Himmel und spürten die warmen Tropfen auf dem Gesicht. Auf meinem Balkon küssten wir uns zum ersten Mal. Der Schauer war schnell zu Ende gewesen. Ich stand hinter ihr und hielt sie in meinen Armen. So schauten wir in die Nacht.

Sophia blieb nicht, denn sie musste frühmorgens die Radionachrichten moderieren.

Churrasco mit Gringos

Meine Nachbarin Carla hatte ich schon länger nicht gesehen. Irgendwie schienen wir uns immer zu verpassen. Entweder arbeitete sie auf ihrer Farm außerhalb von Rio de Janeiro, oder ich war verreist. Antonio, unser Portier, richtete uns immer Grüße aus. Dennoch musste ich öfters an sie denken. An sie und ihren klugen Rat, mir eine brasilianische Freundin zuzulegen.

Eines Tages bat sie mich dann, kurz bei ihr vorbeizuschauen. Wegen eines Wasserschadens in ihrer Wohnung, dessen Ursache bei mir zu suchen war. Konkret auf meinem Balkon, der direkt über ihrem Wohnzimmer lag und auf dem offenbar ein Wasserabfluss leckte. An der Decke unten hatten sich schon bräunliche Flecken gebildet. Wir setzen uns ins Wohnzimmer. Die Einrichtung hatte ihre Mutter, vielleicht sogar die Großeltern gekauft. Ein riesiges Sofa im Kolonialstil, kleine Beistelltischchen, hohe Bücherregale, Gemälde an den Wänden. Wir tranken Kaffee. Sie erzählte von der Farm und ihren Schwierigkeiten, die Handvoll Angestellten zum Arbeiten zu bringen. Ich erzählte von meinen Reisen und Dreharbeiten und dass ich mich inzwischen in Rio de Janeiro bestens eingelebt hätte.

Dann platzte es aus ihr heraus: »Ich hab gehört, du hast eine neue Freundin.«

»Echt?« Ich war ein wenig verblüfft.

»Und ich hab gehört, dass sie Brasilianerin ist.«

»Und wo hast du das gehört?«

Carla lächelte nur. Das würde sie mir natürlich nicht verraten, doch ich verstand. Einem guten Portier blieb nichts verborgen. Und offensichtlich konnte er nicht immer alles für sich behalten. Trotz sonstiger Diskretion.

»Und? Wie ist sie so?« Carla war sichtlich neugierig.

»Sie ist natürlich toll.«

»Eine Carioca?«

»Nein, eine Paulistana. Aus São Paulo.«

»O Mann, Andreas. Du machst wirklich alles falsch. Trotzdem lade ich dich zum *churrasco* am Samstag ein. Wir grillen bei Freunden. Und deine Paulistana darfst du natürlich mitbringen.«

»Sophia ist nicht da. Sie fährt am Wochenende nach São Paulo. Aber ich komme. Und dann erzähle ich dir alles. Und das mit dem Wasserschaden klären wir auch.« Ich musste los.

Es war Samstagmittag, und ich kehrte gerade vom Strand zurück. Carla schrieb mir eine SMS, um zwei würde das *churrasco* beginnen. Alles klar, simste ich zurück, sag mir Bescheid. Um halb vier die nächste SMS, es dauere noch ein wenig. Um halb fünf kamen wir schließlich an. Eine riesige Dachterrasse in der Rua Gustavo Sampiao, der Hauptstraße in Leme. Zweite Reihe, nicht weit vom Strand. Zwischen den Häuserfronten Fetzen vom Meer. Die Gäste waren bunt gemischt. Zu meiner Überraschung stand kein Brasilianer am Grill, sondern ein Franzose. Schützenhilfe bekam er von einem Argentinier. Ein Schwede war ebenfalls dabei. Außerdem ich als Deutscher und der Rest aus Brasilien. Carla stellte mich allen so vor, als seien wir schon jahrzehntelang befreundet.

Einer fiel mir besonders auf. Pedro. Ich schätzte ihn auf Anfang fünfzig. Verlebt sah er aus, zu viel Alkohol und zu viele Zigaretten, schlechte Zähne, verwaschenes T-Shirt. Seine Frau mochte etwas jünger sein als er, wirkte aber ebenfalls nicht sonderlich gepflegt. Ihre gefärbten Haare wuchsen gerade heraus. Umso verwunderter war ich zu erfahren, dass er Ingenieur sei und sie Anwältin. Auch das ist Rio. Hier kann ein erfolgreicher Akademiker bisweilen aussehen wie ein Strandclochard.

Pedro interessierte sich für die anwesenden Ausländer, und wir kamen ins Gespräch. »Du bist doch bestimmt hier, weil du dich in eine Brasilianerin verliebt hast«, sagte er.

Was sollte denn das jetzt? Und wer hatte ihm das gesteckt? Oder war das nur gut geraten? Hinter ihm entdeckte ich Carla, die mit Unschuldsmiene und abwehrend erhobenen Händen den Kopf schüttelte.

»Hat er, aber nicht in eine Carioca, sondern in eine Paulistana«, gab sie ihren Senf dazu. Ich warf ihr einen gespielt missbilligenden Blick zu.

Pedro, der schon ein paar Bier intus hatte, ignorierte Carlas Worte und philosophierte weiter: »So ist das mit allen Gringos. Sie kommen hierher und sind fasziniert von den brasilianischen Frauen.«

»Kennst du viele Deutsche in Rio?«, fragte ich.

»Drei. Alle drei trinken zu viel. Aber sie arbeiten auch zu viel.«

»Und alle drei sind fasziniert von den brasilianischen Frauen?«

»Genau.«

Ich erzählte ihm, was ich in Rio de Janeiro so tat. Wir sprachen über dies und das, über Europa und Brasilien, über Deutsche und Brasilianer, über Cariocas und Paulistanos. Der Schwede stand die ganze Zeit neben uns und hörte zu. Erst sagte er lange nichts, dann ganz unvermittelt: »Der Unterschied zwischen Gringos und Cariocas ist ganz einfach: Cariocas reden viel, Gringos arbeiten viel.«

Pedro verstummte. Carla starrte. Der Franzose und der Argentinier widmeten sich schnell wieder ihrem Grill. Ich nahm einen langen Schluck. Dann sagte Carla: »Irgendwie gilt dieser Unterschied auch für Cariocas und Paulistanos.«

Hoffentlich fühlte sich jetzt in dieser komplizierten Gemengelage niemand beleidigt, dachte ich gerade, als der betrunkene Pedro noch eins draufsetzte: »Aber im Grund wären doch alle gerne Cariocas!«

Auf dem Grill brutzelte das Fleisch. Würstchen, Knoblauchbrot, Käse.

»Ja. Im Grunde wären alle gerne Cariocas«, wiederholte Pedro. »Wer würde nicht am liebsten in Rio wohnen? Und hier geboren sein? Schaut euch Rio doch an.« Er machte eine ausholende Geste, in der Hand seinen Plastikbierbecher: »Rio ist mit nichts zu vergleichen. Es ist eine einzigartige Stadt. Hier ist alles möglich.«

»Auf jeden Fall«, sagte ich. »Ist wirklich schön hier.« Und fügte, um das Thema zu wechseln, hinzu: »Da fällt mir was ein, Pedro. Ich hab gehört, dass es im Inneren der Christusstatue eine Treppe gibt und man bis zu den Schultern hochsteigen und dort rausschauen kann. Weißt du, ob das stimmt? Und wie man dafür eine Erlaubnis bekommt?«

»Was weiß ich?«, sagte Pedro. »Irgendein Verrückter ist da mal hochgeklettert und dann auf dem Arm des Cristo bis zur Hand balanciert und schließlich mit einem Fallschirm runtergesprungen. Irgendein bekloppter Gringo. Hat leider überlebt.« Es handelt sich dabei um den Österreicher Felix Baumgartner, der Jahre später auch aus der Stratosphäre springen sollte.

»Ja, äh, ich will ja nicht außen hochkraxeln, nur innen, und auch nicht runterspringen, sondern bloß von oben runterschauen.«

»Keine Ahnung. Du musst einfach dort nachfragen.«

»Hmm.«

»Weißt du was?«, sagte Pedro und schenkte sich und mir und allen anderen eiskaltes Bier nach. »Vergiss jetzt deinen Cristo. Ich sage dir mal was. Ich wohne in Ipanema. Wenn ich auf die Straße gehe, dann sehe ich überall Gringos. Lauter Touristen. Sie sind überall. Früher gab es nur wenige, doch langsam wird es zu viel. Amerikaner, Deutsche, Italiener.«

»Italiener«, sagte ich, »Italiener sind für dich Gringos?«

»Ja, sicher sind die Gringos«, stellte er klar und trank seinen Becher aus.

»Aha. Und wo ist das Problem?«, fragte ich.

»Ich möchte mein altes Rio wiederhaben. Damals war es ruhig und beschaulich. Und nicht so teuer. Weißt du was? Wenn du wieder in Deutschland bist, bitte erzähl allen, dass es hier ganz scheußlich ist. Und gefährlich. Dass die Strände sehr schmutzig sind und dass es Haie gibt. Dass es immerzu regnet, das Essen schlecht ist und die Frauen hässlich sind. Ganz zu schweigen von den vielen Krankheiten wie dem Denguefieber zum Beispiel. Sag allen, dass es sich wirklich nicht lohnt, nach Rio de Janeiro zu kommen. Tust du das für mich?«

»Noch ein Bier?«, fragte ich und schenkte ihm nach.

Fliegen
mit dem großen Paul

Im brasilianischen Portugiesisch gibt es etwas, das man im Deutschen so nicht kennt. Es handelt sich um den Augmentativ eines Substantivs mittels Suffix. Klingt verwirrend, ist aber bemerkenswert, weil es viel über das Seelenleben des Brasilianers aussagt.

Ein Augmentativ ist das Gegenteil eines Diminutivs, der Verkleinerungsform eines Substantivs. Im Portugiesischen wird der Diminutiv mit *inha* gebildet. Also: Aus *casa* (Haus) wird *casinha* (Häuschen). Oder aus *carro* (Wagen) wird *carrinho* (Wägelchen).

Der Augmentativ dagegen ist die Vergrößerungsform eines Substantivs. Und die nutzt der Brasilianer besonders gerne, weil er es liebt, die Dinge größer zu machen, als sie sind. Gebildet wird der Augmentativ mit dem Suffix *ão*. Aus *casa* (Haus) wird *casarão* (großes Haus). Aus *carro* (Wagen) wird *carrão* (dicker Wagen).

Ich leiste mir diesen komplizierten grammatikalischen Schlenker deshalb, weil mir der Name Paulão im ersten Moment, als ich ihn in einer E-Mail las, komisch vorkam. Ich ging der Sache auf den Grund, denn schließlich sollte ich diesem Mann mein Leben anvertrauen. Schnell begriff ich das Konzept des Augmentativs. Paulão ist die Vergrößerungsform von Paulo und bedeutet »großer Paul«. Nichts Schlechtes also, im Gegenteil. Und als Paulão an einem frühen Sonntagmorgen am Strand von São Conrado vor mir stand, wurde mir klar, warum er so heißt. Der Mann misst mindestens zwei Meter und macht seinem Namen alle Ehre. Zweifellos ist er der größte Drachenflieger Rio de Janeiros.

»*Bom dia,* Andreas«, sagte Paulão und schüttelte mir kräftig die Hand. »Heute ist ein perfekter Tag zum Fliegen.«

Ich hatte bei Paulão einen Mitflug gebucht. Die Drachen- und Gleitschirmflieger in Rio de Janeiro sind über die Stadtgrenzen hinaus berühmt. Sie starten hoch über dem Nobelviertel São Conrado, ganz im Südwesten, und vor allem am Wochenende sieht man sie schon von Weitem am Himmel kreisen. Die Aussicht von da oben musste großartig sein, dachte ich mir jedes Mal, wenn ich wieder einen entdeckte. Und irgendwann wollte ich es selbst erleben. Es war der Tag nach dem *churrasco* bei Carlas Freunden. Sophia, die sich noch in São Paulo aufhielt, hatte ich vorsorglich nichts von meinem bevorstehenden Abenteuer erzählt.

Treffpunkt war der Praia do Pepino, der Strand von São Conrado. Von dort fuhren wir los in einem alten offenen VW Buggy. Der meterlange Drachen, manche nennen ihn auch Hängegleiter, war eingerollt auf den Gepäckträger geschnallt. Wir überquerten die Hauptstraße Estrada Lagoa Barra. Von dort ging es auf einer engen Serpentinenstraße steil bergauf Richtung Nationalpark Floresta da Tijuca, vorbei an gusseisernen Toren, hinter denen man prachtvolle Villen erahnen konnte. Nach zehn Minuten bogen wir nach links ab und fuhren in den Startbereich ein.

Als wir dort ankamen, kannte ich die wichtigsten Stationen im Lebenslauf von Paulão. Er war in Rio geboren, so um die fünfzig und hatte zehn Jahre lang als Ingenieur gearbeitet. Seit jeher faszinierte ihn alles, was flog. Sogar Papierflieger, sagte er. Irgendwann machte er sein Hobby zum Beruf. Seit vierundzwanzig Jahren ist er inzwischen Drachenflieger und hat rund 22 000 Flüge hinter sich. Immer, wenn es das Wetter zulässt, unternimmt er bis zu vier Tandemflüge am Tag, hauptsächlich mit Touristen. Viele Gringos seien darunter, aber auch Brasilianer.

»Fliegen macht den Kopf frei. Es ist der schönste Job der Welt«, sagte Paulão und lachte. Seine weißen Zähne blitzten in seinem schwarzen Gesicht. Dann wurde ich eingewiesen. Die Startrampe liegt auf über 500 Metern Höhe auf einem Felsen namens Pedra Bonita. Über uns ein paar ausgefranste weiße Wolken. Unter uns der Strand, weiter vorne das leuchtend blaue Meer. Hier oben war es etwas kühler, denn ein heftiger Wind pfiff.

»Drei Dinge sind jetzt wichtig«, begann Paulão. »Erstens: Vertrau mir.«

Ich schaute zu ihm hoch und nickte.

»Zweitens: Vertrau dem Material.«

Ich wandte die Augen nach rechts und sah, wie sein Assistent den Drachen zusammenschraubte. Ich schaute wieder Paulão an und nickte.

»Drittens: Wenn ich sage: ›Los!‹, musst du loslaufen.«

Es ging um den Start. Wir würden nebeneinander auf einer Rampe stehen, festgeschnallt am Drachen, und rennen, bis die Holzplanken unter unseren Füßen verschwanden. Dann begannen wir zu fliegen. So einfach war das.

Ich nickte.

Der Flug war atemberaubend. Das Drachensegel flatterte im Wind, doch Paulão flog ruhige Schleifen und lange Linien. Am Boden sah ich unseren Schatten, der sich mit ungefähr dreißig Stundenkilometern bewegte. Nur dass einem das in ein paar Hundert Metern Höhe sehr schnell vorkam. Rechts von uns der mächtige Felsen Pedra da Gávea, der noch ein Stück höher ist als unser Startplatz. Dahinter entdeckte ich den Strand von Barra da Tijuca und auf der anderen Seite Rocinha, Rios größte Favela, wo ich vor Monaten nachts mit dem durchgeknallten Odmar zum Baile Funk unterwegs gewesen war. Man konnte selbst aus dieser Höhe das Durcheinander der einfachen Häuser, die sich planlos den Hügel hinaufschieben, gut erkennen.

Dann der Strand von Ipanema und in vielleicht zehn Kilometern Entfernung auf der linken Seite der Corcovado mit dem Cristo Redentor. Wieder einmal übermannte mich die Schönheit Rio de Janeiros. Diese magische Kombination aus Wasser, Wald und Felsen. Und jedes Mal, wenn wir direkt aufs Meer zuglitten, dachte ich, wie schön es wäre, endlos weiterzufliegen.

»Weißt du jetzt, was ich meine?«, rief Paolão. Da wir direkt nebeneinanderhingen, konnten wir uns trotz des Flugwinds ganz gut unterhalten. Er genoss dieses Panorama jeden Tag. Und jedes Mal, sagte er, sei es anders und immer wieder neu.

»Ja, wirklich fantastisch«, rief ich lachend und breitete die Arme aus. »*Maravilhoso!*«

Eine Böe erwischte uns und trieb uns ein klein wenig zur Seite. Sofort glich Paulão die Abweichung aus, hielt die Metallstange fest in den Händen, die Arme weit gespreizt. Nur mit kleinen Gewichtsverlagerungen lenkte er seinen Drachen, lehnte sich leicht nach links oder nach rechts. Wenn er die Spitze senkte, wurden wir schneller – hob er sie an, bekamen wir mehr Gegenwind und wurden langsamer.

»Wer hat eigentlich mehr Angst beim Fliegen«, fragte ich, »die Gringos oder die Brasilianer?«

Paulão überlegte kurz. »Die Brasilianer.«

»Warum?«

»Wenn ein Gringo zu mir kommt, um einen Flug zu buchen, hat er sich das vorher gut überlegt und sich vorbereitet. Er ist also fest entschlossen. Bei den Brasilianern sieht das anders aus. Sie schauen erst mal beim Landeplatz vorbei und wissen noch nicht genau, ob sie wirklich fliegen wollen. Sie entscheiden sich dann spontan. Und bekommen es manchmal, wenn sie oben stehen, mit der Angst zu tun.«

»Kann ich mir vorstellen.«

»Und noch was. Wenn ein Gringo Angst hat, zeigt er sie nicht. Er beißt die Zähne zusammen und hält durch, bis er wieder unten ist. Der Brasilianer lässt alles raus. Redet oder schreit sich während des Fluges die Angst aus dem Leib.«

»Hattest du schon mal welche, die richtig Angst hatten?«

»Einigen ist schlecht geworden. So schlimm, dass wir landen mussten.«

Ich konnte nicht genug bekommen. Aber nach gut einer Viertelstunde steuerten wir bereits den Strand an.

Paulão schnallte unsere Beine los, flog noch eine enge Kurve und brachte seinen Drachen steil auf den Strand runter. Unsere Füße berührten den Sand, wir liefen ein paar Schritte, bis wir standen. Wir hatten wieder Bodenhaftung und klopften uns lachend auf die Schultern. Paulão musste gleich weiter zum nächsten Flug. Ich schlenderte noch ein Stück am Strand entlang und dachte an Sophia.

Angst hatte ich eigentlich keine gehabt. Ich hatte mir das Ganze schließlich gut überlegt.

Drei Chancen für Flamengo

»Wie? In Deutschland habt ihr keinen Radiosender, der den ganzen Tag Fußball bringt?«, fragte Carlos ungläubig.

»Nein, am Wochenende gibt es die Bundesligakonferenz, aber die dauert nur zwei Stunden oder so.«

»Schon komisch irgendwie.«

Carlos und ich saßen in seinem Wagen auf dem Weg zum Spiel. Das Autoradio plärrte laut. Die Stimme eines aufgeregten Reporters bereitete ganz Rio de Janeiro auf das heutige Spiel vor. Sonntag ist Fußballtag in Brasilien. Radiosender räumen dafür ihr Programm frei und berichten Stunden vor, während und nach dem Spiel über das Ereignis.

Rio ist in Sachen Fußballclubs bestens ausgestattet. Flamengo, Botafogo, Fluminense, Vasco da Gama. Alle vier spielen in der ersten Liga. Doch kein Verein in Brasilien hat mehr Mitglieder als Flamengo.

»In Brasilien geht nichts über Flamengo«, sagte Carlos. So sieht er das: kein anderer Club und auch sonst nichts. Seine Verehrung weist beinahe religiöse Züge auf. Schon als Kind ist er mit seinem Vater ins Stadion gegangen, und noch heute verpasst er kaum ein Spiel. Sobald sein Sohn groß genug ist, wird er ihn mitnehmen. Carlos ist Anfang vierzig, groß und breit mit schwarzen Locken, die ihm über die Ohren fallen, und eigentlich sehe ich ihn meist in Shorts, T-Shirt und Turnschuhen. Wir haben uns über gemeinsame Bekannte kennengelernt und sind schnell Freunde geworden. Meistens schaut er sehr ernst und nachdenklich. Doch wenn Flamengo ein Tor schießt, lacht er wie ein Kind und klatscht in die Hände wie Angela Merkel. Etwas unbeholfen und mit gespreizten Fingern.

Wir fuhren Richtung Norden stadtauswärts zum Engenhão-Stadion. Es waren weit über 30 Grad, die Sonne ging gerade unter und verwandelte die Nordzone Rios in einen abgedunkelten Hochofen. Wir hatten die Fenster heruntergelassen und genossen den kühlen Fahrtwind. Je näher wir dem Stadion kamen, desto ärmlicher wurde die Gegend und immer größer das Gedränge. Fast alle trugen rot-schwarze Trikots. Hier ging nichts ohne Textilien – das T-Shirt in den Vereinsfarben anzuziehen war für die meisten Ehrensache. In meinen normalen Klamotten fühlte ich mich irgendwie deplatziert. Das Gros der Leute strebte offenbar dem Stadion zu, andere würden sich das Spiel in den Kneipen ansehen, in denen bereits der Fernseher lief. Vorerst aber saßen diese Fans noch draußen auf den Plastikstühlen und tranken eiskaltes Bier.

Wir bogen ab nach rechts, das Stadion bereits in Sichtweite. Am rechten und linken Straßenrand sowie auf dem Mittelstreifen boten Männer wild gestikulierend Parkplätze an. Jedes Mal, wenn Flamengo spielte, lohnte sich das offenbar für die Anwohner. Wir zogen allerdings das Parkhaus unter dem Stadion vor, ließen uns in einem rot-schwarzen Menschenmeer zum Eingang treiben, aßen noch schnell einen Fleischspieß, tranken ein Bier und gingen rein. Ich war zum ersten

Mal in einem brasilianischen Fußballstadion. Zum ersten Mal bei Flamengo. Und ahnte nicht, dass ich drei Anläufe brauchen würde, um mit Flamengo halbwegs warm zu werden.

»Für welchen Verein bist du eigentlich?« Carlos hatte mich das gefragt, als wir uns kennenlernten, und er war nicht der Einzige, der das wissen wollte. Jedes Mal brachte mich diese Frage in die Bredouille. Dass man sich zwar ganz gerne mal ein Spiel anschaut, vor allem bei Europa- und Weltmeisterschaften, aber sonst nicht wirklich die Bundesliga verfolgt und keinen Lieblingsverein hat – das ist einem Brasilianer einfach nicht zu vermitteln.

Irgendjemand meinte mal, das liege vermutlich daran, weil ich nicht in einer großen Stadt mit einem großen Club aufgewachsen bin. Stimmt. Eintracht Trier spielte damals nicht einmal in der Regionalliga. Aber generell haben die Brasilianer eine ganz andere Beziehung zu Fußball als der durchschnittliche Deutsche. Als Gringo stößt man in Brasilien jedenfalls auf vollkommenes Unverständnis, wenn man nicht wie aus der Pistole geschossen die Ergebnisse seines Lieblingsvereins, die exakte Aufstellung der letzten Spiele und die wichtigsten Tore der letzten Jahrzehnte herunterbeten kann.

Gleiches gilt eigentlich für ganz Lateinamerika. Egal wo: Überall schaut man mich an wie einen Außerirdischen, wenn ich erzähle, dass ich mich mehr für Tennis als für Fußball interessiere. Und früher alle Matches von Boris Becker gebannt verfolgte. Ungläubiges, mitleidiges Kopfschütteln. Außer in Chile. Denn von dort kommt Marcelo Ríos, der Tennisspieler, und deshalb mögen die Chilenen nicht nur Fußball, sondern haben auch ein Herz für Tennis.

Ein Grund mehr für mich wiederum, die Chilenen zu mögen. Ich bin nämlich ein typischer Vertreter der Boris-Becker-Generation. Als mein Idol 1985 zum ersten Mal Wimbledon gewann, stand ich als Zehnjähriger kurz darauf auf dem Sandplatz des TC Roscheid, komplett eingekleidet mit Boris-Becker-Schuhen, Boris-Becker-Poloshirt, Boris-Becker-Tennishose, den Boris-Becker-Schweißbändern und natürlich dem Boris-Becker-Schläger.

Zwei Jahrzehnte später wurde ich hinter den Kulissen von *Wetten dass …?* Boris Becker einmal persönlich vorgestellt und erzählte ihm die Geschichte. Auch dass ich damals ebenso unermüdlich wie vergeblich den Becker-Hecht geübt und mir dabei ständig blutige Knie geholt hatte. Ganz zu schweigen von dem durch den roten Sand versauten Poloshirt. Daraufhin gab er mir einen längst überfälligen Tipp. Er rate grundsätzlich von Becker-Hechten auf Sandplätzen ab. Schließlich habe er sie selbst vorwiegend auf Rasenplätzen praktiziert. »Und heute kann ich sowieso nicht mehr so springen wie damals«, sagte Boris Becker.

»Geht mir genauso«, antwortete ich, verriet ihm jedoch an diesem denkwürdigen Abend nicht, dass er nach dem Ende seiner aktiven Laufbahn nicht mehr unbedingt mein Vorbild geblieben ist.

Zurück zum Fußball.

»Ja, aber für welchen Verein bist du denn jetzt?«, hatte Carlos damals nachgefragt.

»Na ja. Eigentlich für gar keinen.«

»Bayern München vielleicht?«

»Nein, nein, nein.«

»Und für welchen Verein bist du hier in Rio?

»Ich weiß es eigentlich nicht so genau.«

»Vielleicht für Flamengo?«

»Gut, warum nicht? Ich bin für Flamengo«, sagte ich ergeben. Schulterklopfen, Daumen hoch. Noch ein Bier.

Jetzt war ich also im Stadion, das sich zu meiner Enttäuschung und der von Carlos überhaupt nicht richtig füllte. Das Gedränge unterwegs hatte getäuscht. Flamengo spielte gegen Universidad de Chile aus Santiago im Achtelfinale der Copa Sudamericana, was in Rio aus irgendeinem Grund kaum jemanden zu interessieren schien. Obwohl sich in der Fankurve, wo wir saßen, die Stimmung durchaus sehen lassen konnte, war es nicht wie bei einem Spiel zwischen zwei brasilianischen Matadoren. Bloß 5000 Zuschauer waren es, wie wir später erfuhren. Doch das Schlimmste kam erst noch.

14. Minute: Eigentor von Flamengo. Stille auf den Rängen. Einzig ein paar versprengte Chilenen in der Kurve hinterm Tor machten Krach.

42. Minute: Tor für Chile.

43. Minute: Tor für Chile. In der Halbzeitpause sagte Carlos nicht viel. Apathisch trank er seine Coca Zero. Der Todesstoß erfolgte in der zweiten Halbzeit.

72. Minute: Tor für Chile. Spätestens jetzt verließen viele *flamenguistas* das Stadion. Einigen standen Tränen in den Augen, andere gestikulierten wütend Richtung Spielfeld.

Flamengo verlor 0:4 gegen Universidad de Chile. Daran hatte auch Ronaldinho nichts ändern können, denn an diesem Tag spielte er grottenschlecht. Das war sogar mir aufgefallen. Auf der Rückfahrt wirkte Carlos abwesend. Er ließ die Tirade im Radio über sein Team und sich stoisch ergehen.

»Es ist eine Schande, *uma vergonha,* eine große Schande, wie Flamengo gespielt hat«, eiferte sich der Kommentator mit beleidigtem Pathos. »Eine Schande, wirklich eine Schande«, stimmte der zweite Kommentator wehleidig zu.

Carlos' Vater, der das Spiel zu Hause vor dem Fernseher verfolgt hatte, rief auf dem Handy an. Er war offenbar der gleichen Meinung und fand es ebenfalls eine Schande. Niedergeschlagen setzte mich Carlos zu Hause ab. »Das Spiel war eine Schande«, sagte er erneut, »aber du solltest Flamengo noch eine Chance geben.«

»Mach ich«, versprach ich.

Zweiter Versuch. Das Spiel fand an einem Donnerstagabend statt. Auch diesmal war es kein Ligaspiel, sondern die Copa Libertadores, die südamerikanische Champions League: Flamengo gegen Emelec aus der Hafenstadt Guayaquil in Ecuador. Um fünf wollte Carlos mich zu Hause mit seinem Auto abholen. Dass er eine Viertelstunde später noch nicht da war, sorgte mich kaum. Erst nach einer halben Stunde Verspätung rief ich ihn an.

»Carlos, was ist los? Wo bist du?

»Ich warte hier bei mir zu Hause auf dich. Wo bist du?«

Klassisches Missverständnis. Doch jetzt hatten wir ein echtes Problem. Eine halbe Stunde Zeitverzug in der abendlichen Rushhour von Rio de Janeiro, das konnte schnell zum Albtraum werden. Da wir ziemlich weit auseinanderwohnen, vereinbarten wir, uns im Stadion zu treffen. Carlos würde mit seinem Auto fahren, ich mit dem Taxi. Für den Weg von Leme in der Südzone, wo ich wohne, zum Stadion Engenhão in der Nordzone braucht man am Wochenende kaum eine halbe Stunde. An einem Donnerstagabend aber ein Vielfaches davon. Es herrschte ein Höllenverkehr. Nach einer Stunde im Taxi fragte ich den Fahrer, ob wir bald da seien.

»Noch nicht ganz«, gab er achselzuckend zurück. Im Schritttempo zuckelten wir vorwärts, Stoßstange an Stoßstange. Erleichterung, wenn der Verkehr mal ein paar Meter floss. Bis zum nächsten Stau. Ich saß auf der Rückbank des Taxis wie auf glühenden Kohlen. Innen lief die Klimaanlage auf Hochtouren, draußen waberte die Hitze. Wie in Zeitlupe sah ich verschwommen die verstopften Straßen, die Menschen und Autos an mir vorbeiziehen. Ich schaute immer wieder auf die Uhr. Carlos hatte die Tickets, wir wollten uns vor dem Stadion treffen. Hoffentlich schaffte ich es noch rechtzeitig. Nach eineinhalb Stunden, ein paar Minuten vor Beginn des Spiels, stand ich endlich vor dem Eingang. Um mich herum neue Menschenmassen, die in Rot-Schwarz in die Arena drängten. Von Carlos keine Spur. Ich rief ihn an.

»Carlos, wie sieht's bei dir aus?

»Stecke komplett fest. Schaffe es wohl nicht mehr bis zum Anpfiff.«

»Alles klar, ich warte am Eingang.«

Der Platz vor dem Stadion leerte sich langsam. Dosensammler kamen mit riesigen Müllsäcken und packten ein, was andere achtlos auf den Boden geworfen hatten. Warme Luftstöße fegten über den Platz und rissen gebrauchte Plastikbecher mit, die überall herumlagen. Aus dem Stadion ertönten Jubelschreie, obwohl noch kein Tor gefallen zu sein schien. Nach zwanzig Minuten rief ich Carlos erneut an. Er klang verzweifelt.

»Ich weiß nicht, es dauert noch. Immerhin kann ich von Weitem schon das Stadion sehen.«

»Okay, kann man nichts machen. Ich warte«, sagte ich mit einem Fatalismus, wie er eigentlich nur Brasilianern zu eigen ist.

Die erste Halbzeit ging langsam zu Ende. Trotzdem trafen nach wie vor Leute ein. Entweder weil sie aus Prinzip zu spät kamen oder ebenfalls im Verkehr stecken geblieben waren. Ich lehnte an einem Geländer mit einem eiskalten Bier in der Hand und betrachtete die bunte Mischung von Fußballfans, die mit ihren Tickets in der Hand zum Eingang hasteten. Gruppen von Männern, Freunde oder Kollegen vielleicht. Väter, die ihre kleinen Söhne hinter sich herzerrten. Frauen mit Stöckelschuhen, die sich eigens fürs Stadion aufgehübscht hatten. Noch immer stand eine Schlange vor dem Eingang, obwohl das Spiel beinahe zur Hälfte gelaufen war. Ich wartete weiter. Nach dem Ende der ersten Halbzeit rief ich Carlos erneut an.

»Hey, jetzt wird's aber langsam Zeit.« Deutsche Ungeduld löste brasilianische Gelassenheit ab.

»Klar, aber ich bin noch nicht da. Es ist eine Katastrophe. Ich denke nicht, dass ich vor Beginn der zweiten Halbzeit ankomme.« Carlos schien inzwischen am Boden zerstört.

Die zweite Halbzeit begann. Ohne Carlos und mich. Nur ein paar Minuten später hörte ich frenetischen Jubel aufbranden. Das erste Tor. Unüberhörbar für Flamengo. Wir hatten es verpasst. Es dauerte eine weitere Viertelstunde, bis Carlos abgehetzt ankam, ich sah ihn schon von Weitem herbeieilen. Sein Gesicht war schweißbedeckt. Drei Stunden hatte er gebraucht von Ipanema bis zum Stadion. Eine rasche Begrüßung und schon trabten wir Richtung Eingang. Direkt vor unserer Nase schloss sich das eiserne Tor.

»Hier kommt niemand mehr rein«, sagte der Polizist dahinter, »das Stadion ist voll.«

»Wir haben Eintrittskarten, hier sind sie«, schrie Carlos beinahe panisch und hielt sein Ticket hoch.

»Nichts zu machen, das Stadion ist voll.«

»Wie kann das sein, wir haben schließlich Tickets?«

Ich stand direkt hinter ihm und wedelte ebenfalls mit meiner Eintrittskarte. Die Menschentraube vor dem Tor wuchs. Und die Wut auch. Einige fingen an zu drängeln.

»Lasst uns rein, das könnt ihr nicht mit uns machen!«

»Wir haben bezahlt, wir wollen gefälligst das Spiel sehen!«

»Das geht nicht, macht die Tür auf!«

»Was soll denn das? Auf der Eintrittskarte steht nicht, dass man nicht zu spät kommen darf!«

»Wen habt ihr denn gratis reingelassen, dass das Stadion voll ist?«

Hinter dem Tor stand inzwischen eine kleine Gruppe von Polizisten, die allerdings nicht mehr ganz so wild entschlossen aussah. Nervös sprachen sie in ihre Funkgeräte und warteten auf Anweisungen, schüttelten aber mit dem Kopf. Carlos war außer sich: »Ich hab im Verkehr festgesteckt, saß drei Stunden im Auto. Das könnt ihr nicht machen. Ich hab ein Recht, ins Stadion gelassen zu werden.«

»Es ist voll. Sicherheitsmaßnahme«, antwortete einer der Polizisten stoisch.

»Aber wir haben bezahlt«, schrie Carlos erneut. Und dann in einer Mischung aus Wut und Verzweiflung: »Hier ist ein deutscher Journalist, der wird darüber schreiben.«

»Wie soll das erst zur Weltmeisterschaft hier aussehen?«, rief ich den Uniformierten entgegen. *Imagina na Copa!* Ein auch bei Brasilianern durchaus beliebter Spruch. Man hört ihn in den unterschiedlichsten Situationen, beispielsweise häufig an den Flughäfen. Andere fielen in den Chor ein. Je lauter wir uns beschwerten, desto unsicherer wirkten die Polizisten.

Dann tat sich etwas. Die Ordnungshüter zeigten Mitleid. Wir wurden zu einer kleineren Eingangstür gelotst, die sich von innen öffnete. Alle drängten nach vorne.

»In einer Reihe, stellt euch in einer Reihe auf«, schrien uns die Polizisten an. Es gab Gerangel. Carlos war irgendwo vorne, ich wurde nach hinten abgedrängt. Schlange stehen ist keine Lieblingsdisziplin der Brasilianer, zumindest beim Fußball nicht. Trotz einiger ehrlich gemeinter Versuche, sich hintereinander einzureihen, gelang es nicht wirklich. Alle wollten nach vorne, und langsam wurde es ungemütlich. Ich hielt mein Ticket krampfhaft nach oben. Ellbogen stießen mir in die Rippen. Alle versuchten sich durch diese schmale Tür zu quetschen. Vorne schubsten die Polizisten die Leute wieder zurück und ließen nur einige wenige durch. Es herrschte das perfekte Chaos.

Plötzlich hörte ich ein zischendes Geräusch. Die Gruppe driftete auseinander. Meine Augen begannen zu brennen. Ein Polizist hatte Pfefferspray eingesetzt. Männer, Frauen und Kinder um mich herum husteten. Als wir uns abwandten, nutzten die Polizisten die Schrecksekunde, um die Tür endgültig zu verrammeln. Carlos konnte ich nirgends entdecken. Er hatte es offenbar geschafft hineinzugelangen, bevor die Pfefferkeule dem unwürdigen Schauspiel ein Ende bereitete. Für ein paar Minuten stand ich ratlos vor dem verschlossenen Stadion. Dann nahm ich ein Taxi nach Hause. Im Radio kommentierte ein atemloser Reporter das Spiel. Der Taxifahrer hörte gebannt zu.

»Weißt du, was mir gerade passiert ist?«, sagte ich zu ihm. »Ich hatte eine Eintrittskarte, kam zu spät, und die ließen mich nicht mehr rein.«

»Wieso haben die dich nicht reingelassen?«

»Weil das Stadion angeblich voll war. Sie haben einfach die Tore geschlossen. Zwanzig, dreißig Leute standen draußen mit ihren Tickets in der Hand.«

Der Taxifahrer überlegte kurz. »Das ist eine Schande, eine Schande«, sagte er, »wirklich eine Schande. Du solltest das Radio anrufen, damit sie darüber berichten.«

Im Radio hörte ich, wie das Spiel zu Ende ging. 1:0 für Flamengo. Offenbar kein gutes Spiel. Ronaldinho war wieder mal schlecht gewesen. Ich schrieb eine SMS an Carlos. »Bin nicht reingekommen. Sitze im Taxi auf dem Weg nach Hause. Das war echt ziemlich verrückt gerade.«

»Du solltest darüber berichten«, schrieb er zurück.

»Das werde ich. In meinem Buch.«

»Aber du musst Flamengo noch eine Chance geben.«

»Mach ich.«

Nur ein paar Tage später versuchten wir es erneut. Ich hatte mich doppelt und dreifach abgesichert, dass ich Carlos auch richtig verstanden hatte. Er wollte mich abholen und kam tatsächlich pünktlich. Es war ein Sonntagnachmittag. Kaum Verkehr. Nach einer halben Stunde erreichten wir das Stadion.

»Das ist heute ein ganz besonderes Spiel«, sagte Carlos und sah mich bedeutungsschwer an, während er sich eine Packung Erdnüsse kaufte. Flamengo spielte diesmal gegen Fluminense. Fla-Flu. *Das* Derby, ein Klassiker in Rio de Janeiro. Wahrscheinlich einer der größten Fußballklassiker der Welt.

Flamengo wurde 1895 gegründet, ursprünglich als Ruderclub. Flamengo und Botafogo waren seinerzeit die angesagten Strände, Copacabana und Ipanema hingegen noch kaum erschlossen. Rudern war der beliebteste Sport, und sonntags fand regelmäßig eine Regatta statt. Die sonnengebräunten und muskulösen Ruderer waren die Lieblinge der Frauen. Erst 1911 bekam der Club auch eine Fußballabteilung, ins Leben gerufen ironischerweise von einer Handvoll Spieler, die von Fluminense zu Flamengo gewechselt waren. Seitdem sind beide Vereine erbitterte Rivalen, und bereits 1912 spielten sie zum ersten Mal gegeneinander. 1963 sollen bei einem Fla-Flu-Derby 194 000 Zuschauer im Stadion gewesen sein. So viele wie nie zuvor und nie danach bei einem Fußballspiel.

Carlos und ich nahmen unsere Plätze ein. Das Stadion war fast voll und kochte bereits. Die erste Halbzeit war fulminant. Beide Mannschaften fanden gut ins Spiel. Flamengos Torwart parierte prächtig, und die Mannschaft spielte wunderschöne Kombinationen. Jeder Angriff wurde vom Jubel und Rauen der Zuschauer begleitet. Das erste Tor schoss Ronaldinho durch einen Foulelfmeter. Das Stadion feierte ihn frenetisch. Viele zogen ihre rot-schwarzen Shirts aus und schwangen sie wild über dem Kopf. Carlos riss die Arme hoch und umarmte mich. Die erste Halbzeit verging wie im Flug. Noch ein Tor für Flamengo, aber auch eine rote Karte für Ronaldinho. Zur Pause stand es 2:0.

»Mensch, jetzt ist Ronaldinho weg«, sagte ich.

»Dann kann er früher feiern gehen«, antwortete Carlos schulterzuckend. Ronaldinho hatte in letzter Zeit ebenso durch seine Lustlosigkeit auf dem Platz wie durch die exzessiven Partys in seiner Villa in Barra da Tijuca von sich reden gemacht. Die Zeitungen waren voll von Berichten aufgebrachter Nachbarn, die wegen des Lärms nicht schlafen konnten.

Die zweite Halbzeit war belanglos. Nichts passierte. Ronaldinho fehlte trotz seiner Lustlosigkeit. Zum Glück gewann Flamengo dennoch. Wir jubelten. Aber irgendwie war ich enttäuscht. Auf dem Weg nach Hause hörten wir die Kommentare im Radio. Ronaldinho wurde für seinen Elfmeter gelobt, Flamengos Torwart für seine Paraden gefeiert.

»Es war nicht das beste Spiel von Flamengo«, gab Carlos zu. »Und erst recht nicht das beste von Ronaldinho.«

»Sehe ich genauso.«

»Das nächste Mal wird's besser. Du solltest Ronaldinho noch eine Chance geben.«

»Mach ich«, versprach ich.

Fernando und der
deutsche Strafzettel

Das Marimbás in Rio de Janeiro ist eine der besseren Adressen der Stadt. Es liegt direkt neben dem Forte de Copacabana, der alten Festung am westlichen Ende des Strandes. 1932 als Privatclub gegründet, durften jahrzehntelang nur Männer Mitglied sein. Erst in den Neunzigerjahren änderte sich das.

Die Aufnahmegebühr beträgt umgerechnet über 12 000 Euro, der monatliche Beitrag 120 Euro. Essen und Trinken im Restaurant sind günstig. Der Club ist laut Statuten auf 450 Mitglieder beschränkt. Ehefrauen dürfen inzwischen jederzeit mitgebracht werden, ohne zusätzliche Gebühren sogar. Gleiches gilt für unverheiratete Töchter. Bei Söhnen hingegen ist man strenger, ihnen gewährt man die Vorzüge des Clubs gratis nur bis zum Alter von einundzwanzig Jahren. Danach ist ihnen der Besuch bloß noch zweimal im Monat in Begleitung des Vaters erlaubt wie anderen Gästen auch. Wer öfter kommen will, muss selbst Mitglied werden. Allerdings werden diese Regeln im Marimbás nicht wirklich eingehalten. Außer den Gebühren natürlich. Die muss man zahlen.

Am Eingang mit Schranke, der von einem Sicherheitsmann kontrolliert wird, nannte ich meinen Namen. Und den meines Gastgebers. Ich war eingeladen von

Fernando, dem Vater von Carlos. Genau wie sein Sohn ist er begeisterter Flamengo-Fan. Und stolzes Mitglied des Marimbás. Der Großvater der Familie gehörte 1932 zu den Gründern des Clubs.

Das zweistöckige, lang gestreckte Gebäude liegt direkt am Strand, verfügt zur Straßenseite hin über mehrere Fest- und Speisesäle. Vorne am Wasser gibt es Terrassen, von denen aus man auf Strand und Festung blickt und das Rauschen der Wellen hört. Wenn es hell genug ist, kann man im Hintergrund den Zuckerhut sehen. Aber ich war abends dort, im Dunkeln also, und sah bloß die Lichter der Häuser und Straßenlampen der Avenida Atlântica, der berühmten Strandpromenade von Copacabana, die sich in der Brandung spiegelten. Und da im November so langsam der Sommer beginnt, war es bereits ein wenig schwül.

Fernando saß gerade bei Freunden an einem Tisch. Er stand auf, als ich hereinkam und begrüßte mich herzlich. Ein Charmeur, der trotz seiner siebzig Jahre und des stark gelichteten Haares bestimmt nach wie vor einen guten Eindruck auf Frauen machte. Da war ich mir sicher.

Immer wenn ich ihn traf, trank Fernando Scotch. Am ersten Weihnachtstag zum Beispiel, als er und seine Familie mich zum Essen eingeladen hatten, damit ich nicht einsam zu Hause sitzen musste. Oder auf der Abschiedsparty seiner Tochter Sylvia, die einen neuen Job in Panama angenommen hatte und vorher noch einmal mit Familie und Freunden auf der *festa nordestina* in São Cristovão, einem großen Marktplatz in Rio, in einer Karaokebar feierte. Nachts um halb drei schmetterte Fernando mit einem Scotch in der Hand

I did it my Way. Oder an seinem letzten Geburtstag, den er vor Kurzem im Marimbás mit zahlreichen Gäste beging. Viele, darunter ich, schenkten ihm eine Flasche Johnny Walker Red Label, und er wies mit dem Kopf auf das Regal in der Ecke, wo schon mindestens acht Flaschen nebeneinander aufgereiht standen. »Das ist meine Rote Armee«, sagte er.

Auch an diesem Abend trank er Scotch. Er brachte seine Flasche in den Club selbst mit, zahlte eine kleine Gebühr und markierte auf der Flasche genau, wo er aufgehört hatte zu trinken. Damit sich nicht zwischendurch jemand daran vergriff. In Brasilien nichts Ungewöhnliches. Wer hier einen Scotch bestellt, bekommt nicht selten eine Flasche gebracht, und am Ende wird dann mithilfe eines aufgeklebten Maßbands abgerechnet.

Vor ein paar Wochen war ich das letzte Mal im Marimbás gewesen. Mit Fernandos Schwiegersohn Daniel, ebenfalls ein Freund von mir, der an diesem Abend ein paar Arbeitskollegen dabeihatte, Computertechnologieprofessoren. Einer von ihnen, etwas älter schon, war direkt um die Ecke hier in Copacabana aufgewachsen und erzählte von den Sechzigerjahren, als die Avenida Atlântica noch eine schmale Straße war. Zwischenzeitlich wurde sie mehrspurig ausgebaut und der Strand durch Aufschüttungen verbreitert. Daniels Kollege berichtete, wie er als Teenager im Sommer schon morgens um sechs an den Strand ging, um Sport zu treiben. Nur zu den Mahlzeiten kehrte er kurz nach Hause zurück und für einen kleinen Mittagsschlaf. Nachmittags spielte er dann wieder mit seinen Freunden Fußball, bis die Sonne unterging. »Den ganzen Tag verbrachte ich am

Strand«, sagte er wehmütig, »Ich hatte ein gutes Leben, bevor ich zur Universität ging.« Alle lachten.

So oder so ähnlich muss auch Fernandos Jugend gewesen sein, dachte ich mir, als wir uns gemeinsam an einen kleinen Tisch setzten. Auch er war in Copacabana aufgewachsen, hatte später ein paar Semester Jura studiert, doch das war nicht wirklich das Richtige für ihn. Fernando war der geborene Verkäufer und verbrachte die längste Zeit seines Arbeitslebens damit, für verschiedene internationale Firmen Druckmaschinen zu verkaufen. Besuchte viele Jahre die DruPa, die Internationale Fachmesse für die Druck- und Medienindustrie in Düsseldorf. Dort habe er einmal eine merkwürdige Geschichte erlebt – erstaunlich, faszinierend und beeindruckend, hatte er bereits mehrfach angedeutet und versprochen, mir das irgendwann einmal ausführlich und in Ruhe zu erzählen. Heute Abend sollte es so weit sein.

Fernando bestellte mehr Eis für seinen Scotch, ich einen Caipivodka. Dann begann er:

»Es war im Mai 2000. Ich musste nach Düsseldorf auf die DruPa und war am Frankfurter Flughafen gelandet. Mit einem Mietwagen wollte ich nach Mönchengladbach fahren, denn dort befand sich mein Hotel.«

Für einen Brasilianer, der kein Deutsch sprach und schon ein paar Scotch intus hatte, war es durchaus eine große Leistung, das Wort Mönchengladbach halbwegs verständlich auszusprechen.

»Ich war müde vom Flug, hatte bei der Autovermietung nach dem Weg gefragt und fuhr auf die Autobahn, nahm aber eine falsche Abfahrt und landete in

Essen. Ich irrte in meinem Wagen durch die Stadt und bog irgendwann in einen Kreisverkehr ein. Plötzlich sah ich ein Polizeiauto mit Blaulicht hinter mir. Ich hielt an. Zwei Polizistinnen stiegen aus, kamen zu mir, und ich kurbelte die Scheibe herunter. Sie sagten etwas auf Deutsch, was ich nicht verstand. Leider sprachen die beiden kein Wort Englisch.«

Und Portugiesisch natürlich sowieso nicht, fügte ich im Stillen hinzu.

»Ich wusste nicht, warum sie mich angehalten hatten. Erst als sie auf eine Ampel deuteten, begriff ich: Ich war wohl bei Rot drübergefahren. Ich zeigte ihnen meinen brasilianischen Pass und sagte, dass ich aus Rio de Janeiro käme. Sie gaben mir zu verstehen, dass ich mit auf die Wache müsse.«

»Warst du nervös?«, fragte ich.

»Nein, ich war ganz ruhig. Ich wusste, dass ich in Deutschland nichts zu befürchten hatte.«

Man muss wissen, dass so eine Situation in Brasilien undenkbar war oder zumindest komplett anders abgelaufen wäre. Wegen einer roten Ampel von der Polizei angehalten zu werden, ist hierzulande relativ unwahrscheinlich. Auch zwei Polizistinnen in einem Streifenwagen sieht man selten. Und selbst wenn, lassen sich derartige Probleme manchmal mit einem großen Lächeln und einem kleinen Scheinchen lösen.

»Hast du denn nicht einen Moment daran gedacht, es in Deutschland wie in Brasilien zu machen?«, fragte ich Fernando.

Er schaute ungefähr so empört wie ein deutscher Durchschnittsbeamter, den man mit 20 Euro an einer Ampel zu bestechen versucht. Oder so beleidigt und angeekelt, als hätte man ihm erzählt, dass Pelé schwul sei und Frauenfußball mag. »In Deutschland einen Polizisten bestechen?«, sagte Fernando entrüstet. »Auf keinen Fall!«

Es war Fernando also nichts anderes übrig geblieben, als den beiden freundlichen, wenngleich fremdsprachlich untauglichen Beamtinnen zur Wache zu folgen.

»Ich fuhr den beiden in meinem Mietwagen nach und wurde auf der Polizeistation überaus zuvorkommend behandelt, was mich im ersten Moment sehr überraschte, denn ich hatte immer gedacht, deutsche Polizisten seien nicht nur korrekt, sondern auch unfreundlich. Zum Glück fand sich einer, der Englisch sprach. Ihm erzählte ich, dass ich erst vor vier Stunden in Deutschland angekommen sei und mich völlig verfahren hätte und in meiner Verwirrung die rote Ampel wohl nicht bemerkte. Der Beamte nickte freundlich und sagte, dass er jetzt erst mal einen Bericht schreiben müsse.«

Fernandos persönliche Daten wurden aufgenommen. Er nannte ihnen seinen Namen und seine Adresse in Rio de Janeiro und legte ihnen seine Dokumente vor. Dann wurde das Bußgeld festgelegt: 60 Mark sollte er zahlen. Aber Fernando hatte nur US-Dollar dabei, nicht eine Mark, keinen Pfennig.

»Also fragte ich«, erzählte Fernando weiter, »ob ich die Strafe auch in Dollar bezahlen könne. Der Polizist überlegte kurz, nickte und rechnete um: 30 Dollar. Ich musste dann mehrere Dokumente unterschreiben, bekam eine Quittung und durfte gehen. Und weil ich mich nicht auskannte, zeigte mir ein Polizist noch den richtigen Weg zur Autobahn.«

Und so wurde Fernando von einem deutschen Streifenwagen in Essen bis zur Autobahnauffahrt eskortiert. Wäre die Geschichte hier zu Ende gewesen, hätte sie von deutschen Polizisten gehandelt, die freundlichen Brasilianern, die über rote deutsche Ampeln fahren, erst eine unfreundliche Strafe aufbrummen und sie dann freundlicherweise zur Autobahn begleiten. Doch die Geschichte war nicht zu Ende: Sechs Wochen später bekam Fernando Post aus Essen.

»Ich war längst wieder in Rio und hatte meinen Ausflug auf eine deutsche Polizeiwache fast vergessen. Eines Tages kam dieser Brief. Als ich den Umschlag mit der ausländischen Briefmarke und dem Poststempel aus Essen sah, dachte ich: O nein, schon wieder ein Problem! Noch ein Bußgeld etwa? Ich öffnete den Brief. Es war ein längeres Schreiben auf Deutsch, das ich natürlich nicht verstand. Außerdem eine Kopie des Vorgangs mit meiner Unterschrift. Aber ich merkte, dass zusätzlich etwas in dem Umschlag steckte. Und dann sah ich es!«

Fernando hielt feierlich inne, nahm die Scotchflasche und schenkte sich nach. Er schaute kurz nach links und nach rechts, fixierte mich mit seinem Blick, hob den Zeigefinger und setzte sich ein wenig aufrechter. Er sagte: »Ich sah einen Scheck. Über 1,98 DM. Es war ein Guthaben, entstanden aufgrund nicht ganz korrekten Umrechnens des Bußgelds in Dollar.«

Fernando konnte es nicht fassen, begreift es bis heute nicht so richtig. Er trank noch einen Schluck Scotch und bekräftigte aus vollem Herzen: »Das ist der Beweis deutscher Ehrlichkeit! Ich bewundere das deutsche System und die deutsche Mentalität zutiefst!«

Diese Gründlichkeit deutscher Bürokratie überraschte sogar mich. Ich bestellte mir schnell einen Caipi-vodka, bevor ich überlegte, wie viel wohl die Briefmarke für den Brief nach Brasilien mit dem Scheck über 1,98 Mark gekostet haben mochte.

Aber Fernando hörte gar nicht mehr auf: »Stell dir vor, der Beamte hat die 30 Dollar nicht einfach eingesteckt, sondern den Wechselkurs überprüfen lassen. Alles ganz offiziell und vorschriftsmäßig. Klar, dass er dann die Differenz rückerstatten musste. So ist das wohl, wenn man alles korrekt abwickelt.«

Für einen Brasilianer in der Tat schwer zu verstehen und schwer zu verkraften. Denn in Brasilien ist alles anders.

Um das zu illustrieren, erzählte Fernando mir noch eine zweite Geschichte. Sein Sohn Carlos, mein Fuß-ball-Kumpel, hatte als Teenager mal Ärger mit der Polizei. Auch er wurde mit seinem Auto angehalten, spätabends in Rio de Janeiro. Ein paar Freunde von ihm saßen mit im Wagen, und einer hatte ein paar Gramm Marihuana dabei. Diese Dinge ließen sich selbst in Brasilien nicht unbedingt sofort auf der Straße regeln. Carlos und seine Freunde mussten mit auf die Wache. Von dort rief er seinen Vater an.

»Es war schon spät, als Carlos mich anrief. Ich lag im Bett. Er sagte, dass es ein Problem mit der Polizei gebe, weil man Marihuana in seinem Auto gefunden habe. Also telefonierte ich zuerst mit meinem Anwalt, der viele Polizisten in der Stadt kannte und mir einen Ansprechpartner nannte. Dann zog ich mich an und fuhr zur Wache, gleich hier um die Ecke. Dort sprach ich mit dem zuständigen Beamten. Er sagte mir, der Fall sei kompliziert. Wegen des Marihuanas eben. Sie wüssten zwar, dass es nicht meinem Sohn gehöre, könnten ihn aber trotzdem nicht so ohne Weiteres gehen lassen.«

Fernando legte eine kleine Pause ein und lächelte bedeutungsvoll. »Ich ahnte schon was. Also fragte ich ihn, wie sich die Situation am besten für beide Seiten lösen lasse. Nun, da gebe es sicherlich einen Weg, meinte der Polizist, aber das sei nicht so einfach. Schließlich habe er noch einen Vorgesetzten.«

Jetzt lagen die Karten auf dem Tisch. Die Erwähnung des Vorgesetzten trieb den Preis in die Höhe, weil der ohne Zweifel mitverdienen wollte. Letztlich ging es nur darum, sich auf einen Betrag zu einigen, damit Carlos nach Hause durfte.

»In Brasilien musst du immer verhandeln«, erklärte Fernando, »freundlich bleiben, aber bestimmt. Und du musst deutlich zu verstehen geben, dass du nur eine gewisse Summe Bargeld dabeihast und mehr nicht. Sonst nehmen sie dich aus.«

Nach längerem Hin und Her einigten sich Fernando und der Polizist auf 1000 Reais, damals umgerechnet ein paar hundert Euro. Eine günstigere Lösung hatte er nicht herausschlagen können.

»Da war nichts zu machen«, erinnerte sich Fernando, »der Polizist nahm mich zur Seite und sagte mir: Senhor Fernando, ich weiß, dass Sie ein ehrenwerter Mann sind und dass Ihr Sohn nur aus Versehen in diese Situation gekommen ist. Wir machen jetzt Folgendes: Sie nehmen Ihren Sohn mit nach Hause und bringen mir morgen die tausend Reais vorbei.«

»Und hast du am nächsten Tag bezahlt?«, wollte ich wissen.

»Natürlich«, antwortete Fernando schnell, »natürlich habe ich das. Sonst hätte ich für lange Zeit sehr besorgt jedes Mal über meine Schulter geschaut, wenn ich auf die Straße gegangen wäre.«

Als Fernando am nächsten Morgen zur Polizeiwache ging, hatte sich der Preis inzwischen erhöht. Auf 1500 Reais. »Nicht einmal auf einen bestechlichen Polizisten kann man sich in Brasilien verlassen«, beschwerte er sich noch nach all den Jahren.

Ja, nein, vielleicht

Irgendwie war zwischen Sophia und mir sofort alles klar. Es gab kein Hin und Her, keine schlaflosen Nächte, kein Drama, keine Zweifel. Mag langweilig klingen, hatte aber den Vorteil, dass man sich nicht mit unnützen Dingen das Leben schwermachte. Wir wollten zusammen sein, so einfach war das.

Weniger einfach schien es, Zeit füreinander zu finden. Sophia begann jeden Tag frühmorgens um fünf ihre Nachrichtenschicht und arbeitete am Wochenende manchmal als Reporterin. Ich war ein bis zwei Wochen im Monat auf Dreh irgendwo in Brasilien oder Südamerika. Deshalb wünschten wir uns am meisten, mehr Zeit miteinander zu verbringen.

Wir frühstückten gemeinsam auf dem Balkon meiner Wohnung, lasen die Zeitungen. Diskutierten kopfschüttelnd über die brasilianische Politik, über Korruption und Missmanagement. Und waren durchaus nicht immer einer Meinung. Äußerte ich beispielsweise Zweifel, ob bis zur Fußball-WM wirklich alle Stadien in Brasilien fertig würden, so erinnerte Sophia mich diskret an das Debakel mit dem neuen Großflughafen in Berlin.

An unseren freien Wochenenden unternahmen wir vieles gemeinsam. Besuchten Kunstausstellungen in Rio, die hier zwar zumeist kostenlos sind, doch dafür bilden sich oft endlose Besucherschlangen vor dem Eingang. Oder fuhren raus nach Grumari zu dem kleinen Strand, der von spitzen Felsen eingerahmt wird. Wir gingen ins Kino, joggten barfuß am Strand oder chillten in meiner Hängematte. Probierten Restaurants aus, die wir noch nicht kannten, tranken Saft in der kleinen Bar mit der riesigen Auswahl an Frischgepresstem direkt bei mir um die Ecke. Und manchmal begleitete ich Sophia in eine Shopping Mall.

Ich dachte, alles sei klar zwischen uns. Bis Sophia eines Tages sagte: »Weißt du eigentlich, wie das normalerweise so läuft mit der Liebe in Brasilien?«

Es war bei einem Spaziergang am Strand von Copacabana, und mir dämmerte sogleich, dass ich am Ende dieses Tages wahrscheinlich nicht nur um einen Sonnenbrand reicher, sondern auch um einige brasilianische Weisheiten klüger sein würde. Hatte ich etwa, landestypisch betrachtet, etwas übersehen oder gar falsch gemacht?

»Früher, als Teenager, fing immer alles mit der Frage an: *Você quer ficar comigo?*«

Es ist die alles entscheidende brasilianische Frage, die sich deutsche Teenager aber ganz genauso stellen. In Deutschland heißt es ›Willst du mit mir gehen?‹, in Brasilien übersetzt: ›Willst Du mit mir bleiben?‹. Mir war zwar nicht ganz klar, was diese Teenager-Turteleien jetzt mit uns zu tun hatten. Aber offensichtlich wollte Sophia bei ihrem Kurzvortrag über brasilianische Gefühlswelten ganz vorne anfangen.

Die Frage wird meist auf einer Party gestellt oder in einem vollen, heißen, dunklen, lauten Club nach dem zweiten Caipirinha und besagt so viel wie: »Willst du

mit mir knutschen?« Und genau das gehört für viele
Brasilianer bei neuen Bekanntschaften zu einem net-
ten Abend ganz einfach dazu. Nicht nur bei Jugendlichen, sondern auch bei Singles in ihren Zwanzigern
und Dreißigern. Die fragen meist bloß nicht mehr groß,
sondern gehen gleich zur Sache.

Das alles erklärte mir Sophia jetzt und imitierte einen
typischen Teenagerdialog:

Junge: Hey, *tudo bem,* alles klar?

Mädchen: *Tudo bem!*

Junge: Ich heiße Andreas, wie heißt du?

Mädchen: Ich heiße Sophia.

Junge: Ich finde dich sehr hübsch!

Mädchen: …

Junge: *Você quer ficar comigo?*

Mädchen: *Quero!* Ich will!

Wie gesagt, bei Erwachsenen läuft es etwas anders.
Nicht gravierend anders allerdings und am Ende jedes Anbandelns steht in der Regel ein *quero* – ich will!
Außer jemand sagt Nein. Wobei dieses »Ich will« nicht
unbedingt viel bedeutet. In Brasilien bleibt das relativ
unverbindlich, auch das Knutschen. Man geht deshalb
nicht gleich miteinander nach Hause. Manch einer verschwindet plötzlich so mir nichts, dir nichts oder wendet sich am gleichen Ort lieber einem anderen Objekt
der Begierde zu.

Für die, die sich einen ganzen Abend und mehrere
Abende oder sogar wochenlang miteinander vergnügt
haben, gibt es in Brasilien die Bezeichnung *ficante,* der
oder die Bleibende, womit eine Art Vorstufe zu einer
richtigen, offiziellen Beziehung gemeint ist. Ähnlich wie

157

man in den USA jemanden »dated«, bevor man vom Boy- oder Girlfriend spricht.

Wenn *ficantes* miteinander ins Bett gehen wollen, wird es bisweilen schwierig, denn viele junge Brasilianer wohnen noch bei ihren Eltern. Für Abhilfe sorgen da die zahlreichen Motels, die meist an großen Ausfallstraßen mit romantischen Namen und roter Leuchtreklame für sich werben. In Rio gibt es außerdem welche in Strandnähe mit Blick aufs Meer. Allen Motels ist eines gemeinsam: Es sind Stundenhotels, die aber weniger von Prostituierten genutzt werden, sondern von Jungverliebten, die nicht wissen, wohin.

Diskretion ist oberstes Gebot, denn natürlich schauen hier Paare jeden Alters herein, die ihre Leidenschaft aus den unterschiedlichsten Gründen geheim halten möchten. Vielleicht mit ein Grund, warum viele Motels von einer hohen Mauer umgeben sind. Es gibt sie in allen Kategorien, für jeden Geschmack und für jeden Geldbeutel. Von der einfachen Absteige bis zur Nobelherberge mit Whirlpool und verspiegeltem Schlafzimmer. Den Schampus ebenso im Angebot wie die Packung Kondome.

Obwohl wir kein Motel brauchten, waren wir, sofern ich Sophias Worte richtig deutete, streng genommen bisher lediglich *ficantes*. Standen also auf der untersten Stufe einer brasilianischen Liebesbeziehung. Alles war nach wie vor offen. Ernst musste es erst noch werden. In diesem nächsten Stadium knutschte man in der Regel auf der Straße nicht mehr wild herum. Das tat man nur als *ficantes*.

»Die da, zum Beispiel«, sagte Sophia, als wir an einem Samstagabend in Lapa unterwegs waren, und zeigte auf ein Pärchen, das eng umschlungen an einer Hauswand lehnte und sich küsste: »Ich würde mal sagen, die haben sich gerade erst kennengelernt.«

»Und was ist mit denen?«, fragte ich und deutete auf ein anderes Paar, das Hand in Hand die Straße entlangschlenderte. Er hatte sie gerade lange auf den Hals geküsst.

»Schon länger zusammen. Keine *ficantes* mehr. Eher *namorados*«, meinte Sophia.

»Also keine Bleibenden, sondern Verliebte?«

»Stimmt.«

»Quasi die nächste Stufe?«

»Genau.« Sophia sah mich lange an.

Wir gingen ins Carioca da Gema, einen bekannten Sambaclub. Auf der kleinen Bühne spielte eine mehrköpfige Band. Das Publikum war bunt gemischt und vergnügte sich prächtig. Fast alle tanzten, zu zweit oder alleine. Und fast alle sangen mit – kaum jemand, der den Text nicht kannte. Der Club war voll. Gut gelaunte Kellner jonglierten ihre Tabletts mit Bier und Caipirinha über die Köpfe der Gäste hinweg. Sophia und ich mischten uns unter die Tanzenden. Ein Gringo und Samba ist nicht gerade eine perfekte Kombination, doch ich mogelte mich einigermaßen durch. Hielt Sophia an den Hüften, die sich elegant und rhythmisch zur Musik bewegte.

»Wie geht das weiter mit der nächsten Stufe?«, fragte ich sie, als wir bei einem Caipirinha saßen.

»Einfach fragen.« Sie lächelte mich an.

»Einfach fragen? Das ist ja wie in der Schule. Da

schrieben wir die Frage auf einen Zettel, für die es mehrere Antworten zur Auswahl gab: ja, nein, vielleicht.«

»Hier brauchst du keinen Zettel«, flüsterte Sophia
und sah mich erwartungsvoll an.

»Also gut. *Você quer namorar comigo?*« Willst du
meine Freundin sein?

»*Quero.*« Ich will.

Senhor Juarez und die Hierarchie der Spieße

»Möchten Sie Lachs? Oder vielleicht Kabeljau?« Ich verneinte. Wenn dir ein Brasilianer Fisch statt Fleisch anbietet, besteht immer irgendwie die Gefahr, dass es sich um eine Fangfrage handelt. Vor allem in einer *churrascaria rodízio,* einem der typischen, berühmten Fleischrestaurants.

»Ich nehme lieber noch ein bisschen Fleisch«, sagte ich.

Senhor Juarez lächelte zufrieden. Er nickte und signalisierte mit dem Daumen-hoch-Zeichen seine Zustimmung und klopfte mir zusätzlich auf die Schulter. Der nächste Fleischspieß wurde schon aus der Küche getragen.

Die Fleischeslust der Brasilianer ist in jeder Hinsicht spektakulär. Doch nirgends wird sie so hemmungslos ausgelebt wie in einer *churrascaria rodízio.* Nicht nur das All-you-can-eat-Prinzip macht diese Art von Restaurant so außergewöhnlich, sondern vor allem die Art und Weise, wie man hier das Fleisch serviert. Ein Dutzend Kellner, bewaffnet mit ein Meter hohen Fleischspießen und dreißig Zentimeter langen Messern, wuselt durch die Tischreihen und schneidet dem Gast köstlich zarte Fleischscheiben direkt auf den Teller. Ein Ballett der Spieße. Eine Choreografie des Fleisches.

Rodízio kommt aus dem Lateinischen (*Rota* – Kreis

oder Rad) und bedeutet so viel wie Rundlauf der Spieße. Vom Grill an den ersten Tisch, von dort zum nächsten und zum übernächsten, zurück an den Grill, im
Feuer gedreht und gewendet und wieder an die Tische.
Der Kreislauf des Gegrillten. *Rodízio* hört nie auf. Bis
man satt ist. Oder gar nichts mehr geht.

Ich hatte ein Taxi in die Nordzone von Rio de Janeiro
genommen. Erst fuhren wir auf der Schnellstraße durch
den Flamengo-Park, dann auf Hochautobahnen durch
Betonwüsten Richtung Galeão, dem internationalen
Flughafen. Weiter auf der Avenida Brasil zum Stadtteil Bonsucesso. Kein Glitzer, kein Strand. Hier wohnt
die Mittelschicht, und normalerweise verirrt sich kein
Gringo in diese Gegend, schon gar nicht zum Fleisches-
sen. Denn die bekanntesten *churrascarias* liegen in Rios
nobler Südzone wie das Porcão in Flamengo, Blick auf
den Zuckerhut inbegriffen. Trés Marias in Bonsucesso allerdings gilt als absoluter Geheimtipp, weil es hier
angeblich das beste Fleisch gibt. Zumindest nach Aus-
kunft eines Kollegen.

Der erste Eindruck war eher ernüchternd. Hinter der
getönten Glastür öffnete sich ein ziemlich leerer Spei-
sesaal mit dem Charme eines Frühstücksraums in einem billigen Hotel. Kahle, eigelb gestrichene Wände,
schäbige Kantinenstühle mit roten Plastikpolstern. Das
Licht grell und aufdringlich. Irgendwo plärrte ein Fernseher. Ich schaute mich um. Nur wenige Tische waren
besetzt, unter den Gästen ein, zwei Pärchen, die Fleisch
in sich hineinstopften und dabei in den Fernseher starrten. Nun gut, es war ein Donnerstagabend nach einem
Feiertag, sagte ich mir, da gingen die Leute nicht aus.

Die warteten bis zum Wochenende, um zur Samstagsvöllerei mit der ganzen Sippe in sämtliche *churrascarias* der Stadt einzufallen.

Schnell wurde mir klar, wer hier das Sagen hatte. Senhor Juarez thronte in der Ecke hinter seinem Kassentresen und kümmerte sich mit seinen drahtlosen Kreditkartenmaschinen um die Rechnungen. Er sah aus wie der kleine Bruder von Gérard Depardieu und trug ein graues Hemd, das über dem Bauch spannte. Graublonde Haarsträhnen fielen ihm in die Stirn. Zwischendurch ging er von Tisch zu Tisch und unterhielt sich mit den Leuten, während die spießtragenden Kellner in schwarzer Schürze und blauem Hemd mit ernster Miene und scharfem Messer das Fleisch an den Gast brachten.

Senhor Juarez, das merkte ich schnell, liebte es zu plaudern. Besonders mit mir. Er kam oft und gerne an meinen Tisch, ohne jedoch seine Kellner aus den Augen zu lassen. Die hatte er sichtlich im Griff. »Seit 1996 leite ich dieses Restaurant«, erzählte er stolz und zog sich die Hose hoch. Er stammte aus einem kleinen Ort namens Nova Bréscia in Rio Grande do Sul, dem südlichsten Bundesstaat Brasiliens an der Grenze zu Argentinien und Uruguay. Viele Einwanderer aus Italien und Deutschland hatte es im 19. Jahrhundert dorthin verschlagen, was das relativ gringohafte Aussehen von Senhor Juarez erklärte.

Rio Grande do Sul ist das Land der *gaúchos,* der brasilianischen Cowboys, und der riesigen Rinderherden. Und nichts ist dort, abgesehen von Bargeld, mehr wert als echte Freundschaft und ein saftiges Stück Fleisch. In Nova Bréscia rühmt man sich, das beste *churrasco* Brasiliens zu grillen. Sagt der Senhor. Wahrscheinlich würde das dort auch jeder andere Einwohner behaupten, denn selbst ein Denkmal im Zentrum des Städtchens zeigt einen Mann mit Fleischspieß und Messer in der Hand. Alles dreht sich dort um Gegrilltes.

Rio Grande do Sul ist zweifellos die Keimzelle der *churrascarias*. Von hier aus haben sie ganz Brasilien erobert. Ein Großteil der Fleischrestaurants in Rio de Janeiro, sagen gut unterrichtete Kreise, soll sich in der Hand von Familien aus diesem Bundesstaat befinden. Die Kellner und Köche wiederum stammen meist aus dem Nordosten. Arme, ungelernte Männer, die in den Metropolen São Paulo und Rio de Janeiro ihr Glück suchen, Familien gründen und auf eine bessere Zukunft für ihre Kinder hoffen. Auf einen Schulabschluss zumindest, ein Studium vielleicht und einen sozialen Aufstieg, damit sie sich eines Tages selbst einen Restaurantbesuch in Rios Südzone leisten können, wenn überhaupt. Und nicht wie die Eltern bloß für die reichen Gäste kochen oder die tropfenden Fleischspieße von Tisch zu Tisch schleppen müssen.

Senhor Juarez kam also aus dem Süden und hatte sein Glück in Rio gesucht und gefunden, wenngleich nicht in einem Nobelviertel. Er erzählte mir bei einem seiner Abstecher an meinen Tisch, er habe zuvor drei Jahre in Mailand gearbeitet, in einer brasilianischen *churrascaria*. »Es war langweilig«, sagte er mit resigniertem Blick, »alles durchgeplant und vorhersehbar.« Nach kurzer Zeit in Italien wusste er im Voraus, wie viele Gäste an einem normalen Abend kommen würden, um elf ging es langsam zu Ende. Am nächsten

Tag dasselbe. Für einen Brasilianer war Italien offenbar langweilig und spießig, während ein Deutscher in Italien nicht selten am Chaos verzweifelt.

Die ersten Spieße kamen. Jetzt hieß es Obacht geben. Nicht nur wegen des zu Boden und woandershin tropfenden Fettes. Als Gringo muss man sich eine Strategie zurechtlegen, um von den Spießen nicht frühzeitig außer Gefecht gesetzt zu werden.

Das fängt an mit den Beilagen. Pommes Frites, Kartoffeln, frittierter Maniok, *farofa,* das geröstete Maniokmehl, Reis, Bohnen. Man kann auf einem Zettel ankreuzen, was man möchte. Doch Vorsicht: Alles, was stopft, nimmt Platz für das Fleisch weg. Deshalb würde ich von Kohlenhydraten in einer *churrascaria* komplett abraten. Dann schon lieber das Salatbuffet, vor allem wenn es so frisch aussieht wie hier im Trés Marias. Warum allerdings dort zusätzlich Sushi angeboten wurde, habe ich bis heute nicht verstanden.

Zurückhaltung empfiehlt sich ebenfalls bei den »Vorspeisen«. Bei Senhor Juarez kamen erst Spieße mit Würsten, prall und fett und grob, die ein Kellner geschickt und mit feierlichem Ernst vom Spieß herunterperlen ließ. Es folgten Hähnchenherzen, Hähnchenkeule, Hähnchenflügel. Schnell wurde mir klar, dass man die Gäste satt zu machen versuchte. Noch vor dem Rindfleisch.

Deshalb sollte man in diesen Restaurants nie die Übersicht verlieren. Man muss Nein sagen können, sonst schafft man das Beste nicht mehr: das Rindfleisch. Wie mein Freund Steve, zu Besuch aus Kalifornien, der in einer *churrascaria* in Copacabana vor lauter Begeisterung zu allem Ja sagte und am Ende vor einem riesigen Fleischberg auf seinem Teller saß, der selbst ihn überforderte. Meine Mutter, auf Besuch in Rio, machte es goldrichtig und wehrte mit charmanter Resolutheit die verzweifelten Versuche der Kellner ab, ihr Dinge aufzudrängen, die sie nicht wollte.

Üblicherweise wird man höflich gefragt, ob man noch eine Scheibe Fleisch von einem bestimmten Spieß wünscht. *Aceito,* ich akzeptiere, sagt man dann, falls man noch will. Was sich fast so förmlich anhört wie das Aushandeln eines Friedensvertrags. In den touristischeren *churrascarias* von Rio de Janeiro erspart man den Gästen das Reden. Sie bekommen gleich zu Anfang eine Art Bierdeckel in die Hand gedrückt. Ein Ampelprinzip für Fleischeslust sozusagen.

Liegt der Deckel mit der roten Seite nach oben auf dem Tisch, geht der Kellner samt Spieß vorbei. Zumindest das, was er im Angebot hat, ist momentan nicht gefragt. Bei Grün hingegen eilt er beflissen herbei. Eine höchst praktische Idee. Eigentlich, denn so wie sich im Straßenverkehr niemand um eine Ampel schert, so kümmert sich auch kein *Churrasco*-Kellner um einen roten Deckel. Alle bieten weiterhin ihre Spieße an, als würden sie Provisionen erhalten. Die ganz Penetranten rammen ihn sogar auf den Tisch, das Messer drohend gezückt, den Blick herausfordernd auf den Gast gerichtet. Da überlegt man es sich zweimal, ob man wirklich bei seinem Nein bleibt.

Im Trés Marias wählte ich eine Doppelstrategie. Ich nahm ein köstliches Würstchen und lehnte jegliches Hähnchen ab. Das schien bei Senhor Juarez Eindruck zu machen. Im Verlauf des Abends gestand er mir nämlich, dass er Hähnchen im Grunde für nichts weiter als eine Diät halte.

»Warum liegen in Ihrem Restaurant keine rot-grünen Deckel herum?«, wollte ich im Gegenzug wissen. Ich siezte ihn, schließlich war er der Chef im Restaurant.

»Nun, das ist vielleicht in den *churrascarias* der Südzone üblich, aber nicht bei uns.«

»Warum nicht? Ist doch praktisch. Da muss man nicht immer Nein sagen.«

»Das ist bei uns anders. Hier wollen alle ohne Ende essen. Die Leute beschweren sich, sobald kein Fleisch mehr kommt.«

»Verstehe ...«

»Je niedriger die soziale Schicht, desto mehr wird gegessen.«

Schon war er wieder weg. Dafür wurden jetzt ernster zu nehmende Fleischspieße angeboten. Nach den Schweinerippchen gab es *alcatra, fraldinha, contrafilé* und anderes Feines aus dem Lenden- und Hüftbereich des Rinds, außerdem *cupim,* den Höcker des Zeburinds. Zart und saftig, in der Regel medium gegrillt. Obwohl ich darauf achtete, meinen Teller nicht zu voll werden zu lassen, verlor ich langsam Maß und Ziel aus den Augen. Ich aß ein Stück Fleisch nach dem anderen, genoss jeden Bissen und wähnte mich im Fleischhimmel.

Für umgerechnet etwas mehr als 10 Euro, einen Bruchteil des Preises, den die Restaurants in der Südzone berechnen, konnte ich so viel essen, wie ich wollte. Beziehungsweise schaffte. Ein flinker Kellner stand mit seinem Spieß stets bereit, sobald ich gerade den letzten

Bissen geschluckt hatte. Da das Restaurant nicht voll und ich wohl einer der wenigen Gringos war, die sich hierher verirrten, funktionierte der Fleischnachschub wie am Fließband. Und weil alle Kellner überdies merkten, dass der Chef mich bevorzugt behandelte und mich ständig mit seiner Gegenwart beehrte, boten sie mir als Erstem von jedem neuen Spieß an.

So langsam begann es wirklich kritisch zu werden. Ich war bereits ziemlich satt, obwohl der Höhepunkt des *Churrascaria*-Besuchs noch vor mir lag. »*Picanha*«, sagte der Kellner, und ich bildete mir ein, dass seine Stimme sich feierlicher anhörte als zuvor. Es schien, als würde er den Klang dieses Wortes einen Moment andächtig und ehrfurchtsvoll nachhallen lassen, bevor er seinen Spieß Richtung Teller bewegte. Denn er wusste ganz genau, dass er diesmal keine Antwort abwarten musste. Es war eine rhetorische Frage, nur aus Höflichkeit gestellt oder um diesen großen Moment noch mehr zu zelebrieren.

»*Aceito*«, sagte ich ebenso feierlich.

Picanha. Allein das Wort zergeht den meisten Brasilianern auf der Zunge. Es hat für sie einen magischen Klang. *Picanha* ist die Königin des brasilianischen Fleischgenusses. Ein besonders edler Filetschnitt aus der hinteren Hüfte, den es so in Deutschland angeblich gar nicht gibt. Alle lieben es, alle wollen es. *Picanha* ist wie die schönste Bucht. Wie das beste Tor eines Spiels. Wie das bezauberndste Mädchen der Klasse. Die Braut unter den Spießen. Die Wunderschöne, von der alle träumen. Mit dem kleinen Unterschied, dass in der *churrascaria* dieser Traum fleischige Wirklichkeit wird.

Das Messer gleitet durch das Fleisch wie durch Butter. Die dünne zartrosa Scheibe rollt sanft auf den Teller. Die Salzkruste ist kross, man erahnt sie schon vor dem ersten Bissen. Wer bei der *picanha* angelangt ist, hat den Höhepunkt seines Besuchs in einer *churrascaria* erreicht. Alle Köstlichkeiten zuvor erscheinen plötzlich wie zweite Wahl.

Und das war mit einem Mal das Problem. Obwohl ich eigentlich nur noch dieses erlesene Fleisch essen wollte, schienen mir alle anderen Kellner ihre Spieße aufdrängen zu wollen, nur der mit der *picanha* nicht. Der tauchte eher selten an meinem Tisch auf. Nicht ohne Grund vermutlich. Das Restaurant wollte natürlich vor allem die günstigeren Fleischsorten an den Mann bringen.

Zum Glück sind viele Brasilianer unverwüstliche Esser. Sie stopfen alles in sich hinein, was sie bekommen können. Ihr Magen scheint keine Grenzen zu kennen und beliebig dehnbar zu sein. Ich habe da so meine Theorie, nicht nur was die brasilianischen Essgewohnheiten angeht.

Generell ist in Brasilien alles leicht übertrieben. Im Guten wie im Schlechten. Die Schönheit der Natur: übertrieben. Die Sinnlichkeit der Frauen: übertrieben. Die Exotik der Strände: übertrieben. Die Begeisterung für Fußball: übertrieben. Die Anzahl korrupter Minister: übertrieben. Fußballweltmeisterschaft und Olympische Spiele innerhalb von zwei Jahren: übertrieben. Und eben auch das Essverhalten.

Trotzdem ertappte ich mich dabei, dass ich es beinahe schon genauso machte. Aß immer weiter, zunächst nur *picanha*. Bis mich ein schlechtes Gewissen übermannte. Und zwar all den anderen Kellnern gegenüber, die sich jedes Mal bei mir eine Abfuhr holten. Ich stellte mir vor, wie frustrierend es sein musste, zu später Stunde in einer brasilianischen *churrascaria rodízio* mit einem Hähnchenspieß herumzulaufen. Nur abwehrende Hände und spöttisches Kopfschütteln bei den Gästen. Weggeschickt zu werden, während der Kollege mit der feinen *picanha* von allen hofiert wird.

Ich meinte ein verborgenes hierarchisches System zu entdecken. Schaute der Kellner mit dem Würstchenspieß nicht neidvoll auf seinen Kollegen mit dem Hähnchen? Schien dieser sich nicht minderwertig gegenüber dem Kollegen mit den Rindfleischspießen zu fühlen? Ich entdeckte einen jungen Kellner, der einen Spieß mit Käsebaguettestücken in der Hand hielt. Was war mit ihm? Hatte er es noch gar nicht bis zum Fleisch geschafft? Musste man sich als *Rodízio*-Kellner etwa mühsam hochdienen vom Würstchen über das Hähnchen zum Rind, um schließlich mit der *picanha* die Königsklasse zu erreichen? Entschied der Chef darüber, wer diese Ehren verdiente? Gab es ein Fest für den Glücklichen, der irgendwann zum ersten Mal die *picanha* präsentieren durfte?

Mir fiel der Kellner aus einer anderen *churrascaria* ein, der dort für die Getränke zuständig war. Stolz erzählte er mir, dass er vor sieben Jahren noch den Boden geschrubbt hatte. Inzwischen war er bei den Getränken angelangt und durfte manchmal sogar die Rechnung bringen. Ich gratulierte ihm dazu, vergaß aber leider zu fragen, wie das war mit der Fleischhierarchie.

Ich beobachtete die Kellner noch ein bisschen genauer und bildete mir ein, dass jeder Einzelne von ihnen ein trauriges Gesicht machte. Bloß der mit der *picanha* nicht. Mitleidsvoll ließ ich mich dazu herab, noch ein Würstchen zu akzeptieren, um wenigstens einen von ihnen aus dem Teufelskreis der Ablehnung zu befreien. Und ich beschloss, Senhor Juarez mitzuteilen, dass ich seine Fleischhierarchie unmenschlich fände und dafür plädieren würde, die *picanha* in seiner *churrascaria* zu demokratisieren.

»Bei uns gibt es keine Hierarchie unter den Kellnern«, sagte Senhor Juarez knapp.

»Es ist also nicht so, dass man sich zur *picanha* hocharbeiten muss?«

»Nein. Die Kellner wechseln sich immer ab. Sie kommen in die Küche und nehmen einfach den Spieß, der gerade fertig ist.«

»Ach so. Aber sie reißen sich doch bestimmt um den mit der *picanha*?«

Senhor Juarez lachte: »Ganz im Gegenteil. Niemand will ihn im Grunde. Das macht nämlich am meisten Arbeit, weil alle Gäste zum Schluss eigentlich nur noch *picanha* wollen. Da hat der Kellner alle Hände voll zu tun.«

»Verstehe. Sind die Kellner denn nicht enttäuscht, wenn niemand mehr etwas von ihrem Spieß will?«

Senhor Juarez schüttelte lachend den Kopf, und ich war zutiefst enttäuscht. Ich hatte alles falsch verstanden. Auch aus Mitleid ein Würstchen zu essen war unnötig gewesen. Es gab keine Hierarchie und keine Kellner, die sich zurückgesetzt fühlten. Senhor Juarez musste denken, ich hätte zu viel getrunken.

Vielleicht auch das, aber noch maßloser war zweifellos die Fleischmenge. Ich lehnte mich zurück, tätschelte wie eine Schwangere meinen vollen Bauch und fühlte mich gleichermaßen träge und stolz. Zumindest meine Essstrategie war aufgegangen: Langsam angefangen, wenig Beilagen und bei der *picanha* ordentlich zugeschlagen. Es war wie beim Marathonlauf: auf langer Strecke immer das Ziel im Auge behalten. Und das Genießen nicht vergessen, doch das hat mit einem Marathon wenig zu tun.

Mein Teller wurde abgeräumt: das endgültige Zeichen, dass für mich das Essen vorbei war. Ohne Teller auf dem Tisch kein Spieß mehr. Ich beobachtete die Kellner, die mit ihren Spießen nach wie vor zwischen den Tischen herumliefen. Plötzlich kam mir der *Picanha*-Mann nicht mehr feierlich und stolz vor, sondern gestresst und angestrengt. Und die anderen wirkten auf mich nicht mehr traurig, sondern bloß müde.

Senhor Juarez kam ein letztes Mal an meinen Tisch, und ich versicherte ihm, dass das Fleisch exzellent geschmeckt habe, und fragte nach einem Digestif. Einen Limoncello vielleicht? Kürzlich hatte ich den nämlich in einer *churrascaria* getrunken. Senhor Juarez schüttelte den Kopf. »Bei uns hier gibt es keinen Limoncello. Solche ausländischen Sachen gibt es nur in der Südzone.«

Kalt wie blöd

Es gibt nicht viele Dinge, bei denen Brasilianer keinen Spaß verstehen. Fußball und Karneval gehören natürlich dazu. Beides wird mit einem heiligen Ernst verfolgt, dass es einem unbedarften Gringo nur schwindelig werden kann. Doch vor allem eine andere Sache ist es, bei der Brasilianer keinen Spaß verstehen: die richtige Temperatur eines Getränks.

Wer nur einen Sommer in Rio de Janeiro verbracht hat, weiß das. Eisgekühlte Getränke sind lebens-, wenn nicht gar überlebenswichtig. Man bekommt sie selbst in den hintersten Winkeln des Landes, wo sonst so gut wie nichts funktioniert. Dabei geht es natürlich vor allem um Caipirinha und Bier. Der Caipirinha an sich besteht ja hauptsächlich aus Eis, wenn man von den zerdrückten Limetten, dem Cachaça und einem halben Kilo Zucker mal absieht. Klirrend kalt muss der Drink sein, etwas anderes findet ein Brasilianer weder vorstellbar noch akzeptabel. Und deshalb habe ich lange gezögert, in Rio jemandem zu erzählen, was ich in Berlin erlebt habe.

Es war an einem kalten Dezembertag. Mein erster Heimatbesuch im deutschen Winter. Während in Rio de Janeiro schwüle 30 Grad und mehr herrschten, stapfte ich in Berlin durch die Kälte. Eine relative Kälte, denn es waren immerhin ein paar Grad über null. Berlin und ich hatten wahrlich Schlimmeres erlebt. Und doch zog ich mich wärmer an als früher, weil ich stärker unter den frostigen Temperaturen litt. Und bei jeder kalten Windbö musste ich an Sophias Worte denken: »Für Brasilianer ist es unmöglich, in Berlin im Winter glücklich zu sein.« Das galt inzwischen auch für mich.

Ich wollte ins Kino und war unterwegs zum Potsdamer Platz. Auf einem Weihnachtsmarkt sah ich eine Tafel, auf der mit weißer Kreide geschrieben stand: »Heißer Caipi, 4,50 Euro.« Ich stockte, sah mich um. Fühlte mich fast schon persönlich beleidigt. Nicht nur weil man in Brasilien nie »Caipi« sagt. Skeptisch und zögernd näherte ich mich der Bude. Ein junger Türke in dicker Jacke stand hinter der Theke und schenkte vor allem Glühwein aus.

»Heißer Caipirinha, ist das neu?« Ich ließ mir meine Skepsis nicht anmerken.

»Nee, gibt's schon länger.«

»Und das ist richtiger Caipirinha, mit Zuckerrohrschnaps und so?«

»Klar, Mann.«

»Und das trinken die Leute gerne?«

»Logisch. Schmeckt voll lecker, Mann. Gibt's nur bei uns.«

Ich überwand mich: »Dann einmal, bitte.«

Ich bekam eine heiße Tasse Caipirinha. Ohne Eis logischerweise, aber mit zerdrückten Limetten immerhin. Schmeckte ein wenig wie heiße Zitrone mit Schuss. Und gar nicht mal schlecht. Sogleich schämte ich mich für diesen Gedanken. Ich fotografierte das Schild mit meinem Handy. Ein älterer Mann, der am Nebentisch stand, berlinerte mir zu: »Biste von der Lebensmittelbehörde, oder wat?«

»Nein, ich wohne in Rio de Janeiro. Heißer Caipirinha, das glauben die mir dort nie.«

Der Mann schüttelte den Kopf.

Brasilianer halten alle für schwachsinnig, die ihre Lieblingsgetränke einen Tick wärmer trinken als sie selbst. Die richtige Temperatur ist eine Frage der Ehre. Das gilt für den Caipirinha und vor allem für das Bier. Brasilianer trinken unglaublich viel Bier. Geht man im Sommer den Strand entlang, hat mindestens jeder Zweite eine Dose Bier in der Hand, auch schon vormittags. Wegen der Hitze im brasilianischen Sommer werden die Bierdosen meistens in eine kleine runde Styroporhülle gesteckt, damit das Bier nicht innerhalb von Minuten lauwarm wird. *Camisinha,* Kondömchen heißen die Dinger. Man bekommt sie am Kiosk, wenn man ein Bier bestellt, muss sie aber später wieder abgeben. Vor diesem Hintergrund machte ich zum Beispiel äußerst schlechte Erfahrungen damit, einem Brasilianer Nutzen und Gebrauch von Bierwärmern zu erläutern, die es ja in Deutschland tatsächlich vereinzelt noch gibt. Wie zu erwarten, erntete ich nur Hohn und Spott.

Dann kam mein Geburtstag. Ich wollte auf meinem Balkon feiern. Mit gegrilltem Fleisch und eiskaltem Bier. Fernando, unser Fahrer vom ZDF-Studio, bot sich an, mir bei den Vorbereitungen zu helfen. Er ist Anfang sechzig, und obwohl ein waschechter Brasilianer aus dem Nordosten des Landes, kann ihm kein Gringo, nicht einmal ein preußischer, in Sachen Pünktlichkeit, Präzision und Ordnung das Wasser reichen. Fernando macht keine halben Sachen.

»Wir müssen erst mal Eis kaufen, damit du das Bier kalt bekommst«, erklärte er mir.

»Kühlschrank reicht nicht?«

»Nein, natürlich nicht.« Fernando schaute mich streng an.

An jeder Ecke in Rio de Janeiro gibt es kleine Läden, oft nur eine Garage, die säckeweise Eiswürfel verkaufen. Im Angebot sind Eiswürfel aus gefiltertem Wasser, die man für Drinks braucht, und solche aus ungefiltertem Wasser. Die schüttet man in einen Bottich und legt die Bierflaschen hinein. Genau das also, was ich Fernandos Meinung nach für die Party brauchte.

Wir fuhren zu einem Eisladen gleich bei mir um die Ecke. Der Besitzer erzählte uns stolz, dass es sein kleines Geschäft schon seit vierzig Jahren gebe. Er verkaufte 10-Kilo-Beutel gefiltertes Eis für umgerechnet fünf Euro und 20-Kilo-Beutel ungefiltertes Eis zum gleichen Preis. Außerdem vermietete er Bottiche. Sein Geschäft lief offenbar gut. Denn wann immer ein Brasilianer ein *churrasco* veranstaltet, also Freunde zu sich zum Grillen einlädt, was fast jedes Wochenende der Fall ist, dann kommt er nicht daran vorbei, Eis zu kaufen.

»Keine Feier ohne *churrasco*«, sagte der Besitzer. »Kein *churrasco* ohne Bier. Kein Bier ohne Eis.«

Jetzt im Sommer war Hochsaison für ihn. An einem guten Samstag verkaufe er achtzig Säcke ungefiltertes und vierzig Säcke gefiltertes Eis, erzählte er uns. Machte zusammen zwei Zentner Eis an nur einem Tag. Viele Kunden holen die Säcke selbst mit dem Auto ab. Aber wenn nicht, wird geliefert. In ganz Rio sieht man Eisfahrer durch die Straßen kurven. Auf alten dreirädrigen Drahteseln mit einer hölzernen Ladefläche vorne, auf der die tropfenden Tüten stehen, strampeln sie sich in der Hitze ab.

Wir kauften zwei Säcke ungefiltertes und einen Sack gefiltertes Eis, luden alles in den Kofferraum meines Wagens, den Fernando zuvor fein säuberlich mit Zeitung ausgelegt hatte, damit im Auto nur ja nichts nass wurde. Als wir uns von dem Eismann verabschiedeten, hatte der noch eine Frage.

»Woher kommst du eigentlich?«

»Ich komme aus Deutschland.«

»Aha. Ich glaube übrigens, dass wir Brasilianer viel mehr Bier trinken als ihr Deutschen.«

»Mag sein«, sagte ich, »vor allem im Sommer.«

»Ich persönlich trinke kein Bier, sondern lieber Wein.«

»Wein? Das ist für einen Brasilianer aber recht ungewöhnlich.«

»Meine Familie ist portugiesischer Abstammung. Deshalb trinke ich lieber Wein.«

»Rotwein?«

»Ja, aber eisgekühlt.«

Fernando und ich fuhren in meine Wohnung, um alles vorzubereiten. Das Bier stand bereits im Kühlschrank und kühlte vor. Da wir keine Bottiche gemietet hatten, funktionierte Fernando jetzt alles zu Eiskühlern um, was er so finden konnte: die gusseiserne Mülltonne, den Putzeimer, das Waschbecken in der Küche. Alles füllte er voll mit Eis und steckte die Bierflaschen hinein. In der Tat waren sie später, bei der Party, eiskalt, kurz vor dem Gefrierpunkt. *Estupidamente gelada,* kalt wie blöd. Als Gringo hatte ich mir von meinen brasilianischen Freunden anerkennende Blicke erhofft, doch für

sie war das bloß ganz normal. Gegrilltes Fleisch, eiskaltes Bier, die Feier wurde ein voller Erfolg. Auch deshalb, weil meine Nachbarin Carla endlich Sophia kennenlernte. Sie fand sie ganz entzückend, obwohl sie aus
São Paulo stammt.

Ein paar Tage später gingen wir abends in Leblon aus.
Und ich verplapperte mich in Sachen Caipirinha.

»Heißer Caipirinha? Sehr, sehr seltsam«, sagte der
Kellner und zog die Augenbrauen hoch.

Ich saß mit Sophia und ein paar Freunden in der Bar
Academia da Cachaça. In der Vitrine hinter der Theke Hunderte verschiedene Cachaça-Flaschen. Auf der
Karte, die uns der Kellner brachte, wurden die Schnäp-
se seitenweise erklärt, mit Produktionsort, Alkoholge-
halt und Anmerkungen zur jeweiligen Brennerei. Der
teuerste und edelste Zuckerrohrschnaps, den die Academia da Cachaça vorrätig hat, kostet umgerechnet
über 150 Euro die Flasche.

Auch Caipirinhas, gemixt mit so ziemlich jeder vor-
stellbaren Frucht, kann man hier bestellen. Also nicht
nur mit Limette, wie es ihn in Deutschland zumeist
gibt, sondern auch mit Ananas, Maracuja, Traube,
Wildlimette, Cashewfrucht, Erdbeere, Kiwi. Außerdem
werden Mischungen wie Orange-Ingwer und Ananas-
Pfeffer angeboten. Sophia allerdings versichert, dass in
Brasilien der mit Limette von den meisten ebenfalls als
der einzig echte angesehen wird. Und von einem heißen
Caipirinha hat man hier noch nichts gehört.

»Der hätte bei uns auch keine Chance«, sagte der
Kellner trocken und nahm unsere Bestellung auf.

Wer in Brasilien regelmäßig zum Cachaça pur greift,

ist entweder Arbeiter oder Kenner. Der Arbeiter trinkt seinen billigen Fusel einfach im großen Wasserglas und zu jeder Tageszeit. Der Kenner macht Unterschiede: Den braunen, in Holzfässern gereiften Cachaça genießt er entweder pur oder auf Eis, den weißen bevorzugt gekühlt. Doch nur wenige Kneipen in Rio de Janeiro haben wirklich hochwertigen Cachaça im Angebot. Auch deshalb bestellen viele Brasilianer lieber einen Caipivodka als einen Caipirinha, weil sie davon ausgehen, dass der importierte Wodka von besserer Qualität ist.

Dennoch hat gerade der Caipirinha einen weltweiten Siegeszug hingelegt und steht für Brasilien wie Samba, Strand und Zuckerhut. Sogar in Deutschland gibt es inzwischen viele selbst ernannte Caipirinha-Experten. Manche nehmen sogar extra braunen Zucker, weil sie das für besonders originalgetreu halten. Sie würden in Brasilien bitter enttäuscht werden. Dort nimmt man niemals braunen Zucker, weil der sich nämlich im Glas schlecht auflöst. Ausschließlich weißer Zucker gehört in den Caipirinha. Rohrzucker wohlgemerkt, das muss sein.

Bleibt die Frage nach der fachgerechten Zubereitung. Nach ein paar Caipirinhas in der Academia da Cachaça zogen wir weiter zu einem klitzekleinen Cachaça-Laden ebenfalls in Leblon. Antonio, der Besitzer, sah eher aus wie der Cognac-Typ. Er war um die fünfzig, helles Polohemd, die grauen, leicht lockigen Haare nach hinten gekämmt. Eigentlich gab es bei ihm nur Cachaça pur, entweder in kleinen Schnapsgläsern an der Theke oder in Flaschen zum Verkauf. Doch der Mann, das

wurde schnell klar, kannte sich auch in Sachen Caipirinha aus.

»Der Cachaça ist Brasiliens Nationalgetränk«, sagte Antonio, »der Caipirinha ist Brasiliens nationaler
Drink.«

»Und wie wird der Caipirinha nun wirklich zuberei-
tet?«, fragte ich.

»Wenn ich dir das sage, musst du aber schreiben, dass
das Rezept von mir ist.«

»Kein Problem«, sagte ich und tue es hiermit: Das
folgende Rezept ist von Antonio aus dem Garapa Do-
ida in Leblon.

»Zuerst ist es wichtig, dass du die Limetten auf die
richtige Art und Weise schneidest«, begann Antonio.
»Längs in zwei Hälften und dann in vier Viertel teilen.
Bei jedem Viertel den weißen Strunk entfernen, weil der
bitter schmeckt. Dann die Viertel noch mal halbieren,
so dass du am Ende acht kleine Limettenstücke hast.«

Je nach Geschmack könne man sechs oder alle acht
Stücke für den Caipirinha benutzen. Ganz wichtig sei,
schärfte Antonio uns ein, dass man die Limetten richtig zerquetsche. Den Barstößel keinesfalls drehen, sonst
werde die Schale womöglich beschädigt und setze bit-
tere Öle frei. »Eine schöne, langsame vertikale Bewegung«, sagte Antonio, »außerdem die Limetten immer
mit der Schale nach unten ins Glas legen. Der Stößel
trifft also ohne Drehung direkt das Fruchtfleisch. Man
gewinnt so mehr Saft.«

Zucker entweder vor dem Zerstoßen der Limetten
beigeben oder danach. Antonio empfahl uns eineinhalb Teelöffel. Für einen Brasilianer eher eine mode-
rate Süße. Das Eis auf jeden Fall vor dem Cachaça zu-

geben, egal ob normale Eiswürfel oder Crushed Ice. Auch das ist Geschmacksache. Bei Crushed Ice wird der Drink schneller kalt, aber auch schneller wässrig. Wie viel Cachaça man am Ende hinzufügt, bleibt ebenfalls jedem überlassen. Nur weiß muss er sein.

»Und dann? Rühren oder schütteln?«, fragte ich.

Antonio musste nicht lange überlegen. »Rühren«, sagte er bestimmt. »Und schließlich einen Strohhalm rein und trinken. Wenn der Caipirinha dir zu süß oder zu stark ist, gibst du einfach noch Eis zu.«

Zu Hause übte ich an mehreren Abenden das fachgerechte Zubereiten eines Caipirinhas. Ich machte alles genau nach Antonios Angaben, experimentierte mit verschiedenen Mengen von Eis, Zucker, Limetten und Cachaça und mit verschiedenen Glasgrößen. Fand selbst heraus, dass die Zugabe eines sehr kleinen Schlucks Wasser manchmal hilfreich sein kann. An solchen Abenden ging ich oft ziemlich betrunken ins Bett, aber mit dem Hochgefühl, so langsam einen für einen Gringo ziemlich beeindruckenden Caipirinha mixen zu können. Und als ich es kurz darauf Sophia demonstrierte, war sie schwer begeistert. Behauptete sie zumindest.

»Das ist ohne Zweifel der beste Caipirinha, den ich je getrunken habe«, sagte sie mit gespielter Feierlichkeit und machte das Daumen-hoch-Zeichen. Ich glaubte ihr einfach mal.

Rafaela, Felipe, die Fahne und ich

Eine Sambaschule in Rio de Janeiro bei ihren Vorbereitungen für die große Parade im Sambodrom mit einem Kamerateam begleiten zu dürfen, das ist ungefähr ähnlich unmöglich, wie als Journalist die Erlaubnis zur Teilnahme bei der täglichen Morgenbesprechung im Berliner Kanzleramt zu bekommen. Oder während der Halbzeitpause eines Bundesligaspiels in der Kabine von Bayern München dabei zu sein. Oder beim Start einer Ariane-5-Rakete in Französisch-Guayana den Leuten im Kontrollraum über die Schulter zu schauen. Wir haben es trotzdem geschafft. Also das mit der Sambaschule.

Die Imperatriz Leopoldinense gehört zu den angesehensten und erfolgreichsten Sambaschulen des Landes. Benannt wurde die Schule nach der Habsburgerin Leopoldine, verheiratet mit dem portugiesischen Kronprinzen Dom Pedro, der 1822 das unabhängige Kaiserreich Brasilien proklamierte, das allerdings nur sechs Jahrzehnte Bestand hatte.

Die nach der Kaiserin benannte Sambaschule besteht inzwischen fast genauso lange. 1959 in der Nordzone von Rio gegründet, stieg sie schnell in die erste Liga auf. 1980 gewann sie erstmals den Titel bei der Parade, stand 1994 und 1995 zweimal hintereinander ganz oben auf dem Treppchen, was nur noch übertroffen wurde durch eine Dreierserie in den Jahren 1999, 2000 und 2001. Die Imperatriz ist sich ihrer Bedeutung sehr wohl bewusst. Werkstatt, Büros und Trainingsräume liegen in der *cidade de samba,* der Sambastadt, in der Hafengegend von Rio de Janeiro, wo viele Schulen sich in riesigen Hallen eingerichtet haben.

Wir baten um einen Termin. Es ging um einen Beitrag für das ZDF-Auslandsjournal, in dem wir darüber berichten wollten, wie sich eine Sambaschule auf den großen Tag der Parade vorbereitet. Wollten hinter die Kulissen schauen und vorab ein paar der fast fertig gestellten, aber noch geheimen Themenwagen zeigen. Und wir hofften, dass ich als Reporter ein bisschen mitmachen durfte.

Nun ist der Begriff Sambaschule etwas missverständlich, denn es handelt sich keineswegs um eine Tanzschule, wie der Name nahelegt. Eher lässt sie sich mit einem Karnevalsverein vergleichen. Noch richtiger wäre es allerdings, von einem Karnevalsunternehmen zu sprechen. Die Imperatriz wird, wie andere Sambaschulen auch, von einem professionellen Team mit ein paar Dutzend Angestellten gemanagt. Es gibt einen Präsidenten, mehrere Vizepräsidenten, einen Karnevalsdirektor, einen künstlerischen Leiter, einen musikalischen Leiter, einen Choreografen, einen Leiter der Trommlergruppe und so weiter.

Eine Sambaschule hat ein festes Budget, das sich aus Sponsorengeldern, Erlösen aus Eintritten, dem Verkauf von TV-Rechten, aus Fördermitteln der Stadt Rio de Janeiro und manchmal auch durch Einnahmen aus illegalem Glücksspiel finanziert. Das Budget der Imperatriz liegt im Jahr bei umgerechnet mehr als zwei Millionen Euro. Ein Sieg im Sambodrom ist also nicht nur eine Frage der Ehre, sondern knallhartes Geschäft. Es geht um Geld, viel Geld. In den Monaten vor dem Karneval arbeiten einige Hundert Vollzeitkräfte für die Sambaschule: Sie nähen Kostüme, bauen Themenwagen und entwerfen Requisiten. Auch eine Pressesprecherin gibt es. Und bei der bekamen wir einen Termin.

Wir, Producer Claus und ich, fuhren in die *cidade de samba*. Der Pförtner bat uns ins Foyer und erklärte uns, dass es noch ein wenig dauern würde, bis Ludmila, die Pressesprecherin, Zeit für uns habe. Der Pförtner hieß Antonio, das weiß ich heute noch trotz meines notorisch schlechten Namensgedächtnisses. Doch kurz zuvor hatte ich in einem Artikel über einen Trick beziehungsweise eine visuelle Eselsbrücke gelesen. Es sei hilfreich, hieß es da, sich ein möglichst absurdes Bild von einer Person zu machen, weshalb ich mir den Pförtner als Tony Marshall mit seiner Gitarre vorstellte, der singend den Eingang bewacht.

Irgendwann tauchte »Tony Marshall« – Antonio – wieder auf und erklärte uns, dass wir jetzt nach oben gehen könnten. Wir stiegen eine Betontreppe hoch in den zweiten Stock. Eine Galerie, von der aus man in die Halle mit den fast fertigen Themenwagen blickte, führte in den Bürotrakt. Dort begrüßte uns Ludmila und sagte, dass es noch ein wenig dauern würde, sie sei im Stress. Wieder warteten wir eine halbe Stunde. Wenigstens gab es im Vorzimmer eine Klimaanlage.

»Das ist ja schlimmer als beim Vorstand eines DAX-Unternehmens«, flüsterte ich.

»Das fängt gerade erst an«, prophezeite Claus.

Irgendwann saßen wir mit Ludmila an einem riesigen Konferenztisch. Mindestens eins achtzig groß, mit langen dunklen Haare und strengem Blick, saß sie am Kopfende in einem Stuhl mit hoher Lehne, die ihre Schultern weit überragte. Am Telefon und in mehreren E-Mails hatte Claus ihr schon ausführlich dargelegt, was wir gerne drehen würden und worum es uns in unserem Beitrag ging.

»Also, worum geht's?«, fragte Ludmila.

Ich verdrehte innerlich die Augen. Claus ließ sich nichts anmerken und begann: »Das Auslandsjournal ist die wichtigste Informationssendung Europas und wird jede Woche von mindestens neun Millionen Zuschauern gesehen.«

Ich verzog keine Miene. Mein Kollege machte das richtig gut. In Mainz waren sie froh, wenn gerade mal zweieinhalb Millionen einschalteten. Doch Ludmilla begann sich für uns zu interessieren. Claus sprach weiter: »Und wir möchten nun für diese Sendung einen siebenminütigen Beitrag drehen, in dem es ausschließlich um die Sambaschule Imperatriz geht.«

Was sogar stimmte. Vielleicht nicht ganz sieben Minuten – eher würden es sechs werden. Claus beschrieb eine ausladende Handbewegung und deutete auf mich: »Und vor allem sollte Andreas Wunn, der Südamerikakorrespondent des ZDF und Leiter des Studios Rio de Janeiro, in diesem Beitrag in Aktion treten und an den Vorbereitungen der Sambaschule teilnehmen. Es handelt sich also um einen ganz besonderen Film.« Das hörte sich an, als sei ich mindestens der berühmteste Reporter Europas.

Ludmila schaute mich an, und ich nickte bestätigend.

Sie schaute zu Claus, und der nickte ebenfalls nach-
drücklich. Dann redete er weiter über das ZDF, über
die Qualität des Programms und unserer Beiträge, über
die Sambaschule Imperatriz als beste und interessan-
teste in ganz Rio de Janeiro. Ludmila begann sich No-
tizen zu machen.

Als Nächstes wurde verhandelt. Wir besprachen,
was wir drehen durften und was nicht. Die Parade
im Sambodrom würde in sechs Wochen stattfinden.
Je näher der Termin rückte, desto nervöser wurden
alle und waren desto weniger bereit, einem Kamerateam Zutritt zu gewähren. Schließlich war das kein
Spaß, sondern bitterer Ernst, wie ich schnell merkte. Wir einigten uns auf mehrere Drehs. Eine Probe
in der vereinseigenen Halle. Ein Interview mit dem
Karnevalsdirektor und dem künstlerischen Leiter, ein
Dreh in der Werkstatt und die Generalprobe für die
Parade im Sambodrom. Per E-Mail sollten wir alles
nochmals schriftlich zusammenfassen. Dann würde
Ludmila es dem Direktor unterbreiten, der letztlich
grünes Licht geben musste. Alles ging seinen büro-
kratischen Gang, doch es sah gut für uns aus. Wir
waren zufrieden.

An einem Sonntagabend im Januar – eine unglaubli-
che Schwüle lag über der ganzen Stadt – fuhren wir in
den Stadtteil Ramos in der Nordzone Rio de Janeiros,
wo die Sambaschule Imperatriz ihre *cuadra* hat. Einen
schmucklosen, turnhallenähnlichen Bau aus grün ge-
strichenem Beton, oben ein Wellblechdach. Hier fanden die wöchentlichen Proben statt. Um acht sollte das
Ganze losgehen. Eigentlich, denn als wir ankamen, war

bis auf den Türsteher noch niemand da. Der ließ uns immerhin rein.

Auf dem ebenfalls grünen Steinboden war ein Feld aufgezeichnet, die Tanzfläche, am hinteren Ende gab es eine große Bühne. An der Seite und auf einer Galerie oberhalb standen Plastiktische und -stühle für die Zuschauer. An der Wand hing ein großes Transparent mit dem aktuellen Motto der Sambaschule: *Sou Imperatriz. Sou Emoção* – »Ich bin Imperatriz. Ich bin Emotion.« Einige Kellner standen gelangweilt herum und warteten. Wir legten unsere Ausrüstung ab, setzten uns und bestellten etwas zu trinken. Wir waren schon durstig, bevor wir überhaupt gearbeitet hatten. Der Kellner brachte einen Metallbottich voll mit Eis, darin Wasser-, Cola- und Bierflaschen.

Langsam trudelten die Leute ein. Unter einer Probe hatte ich mir im ersten Moment etwas anderes vorgestellt. Pünktliches Erscheinen, geordnetes Üben, konzentriertes Proben und messbare Resultate. Doch ich sollte es inzwischen natürlich besser wissen. In Brasilien ist alles anders. Gegen neun kamen die Musiker mit ihren Instrumentenkoffern, und der Saal füllte sich langsam. Irgendwann begann die Musik zu spielen.

Eine Sambaschule wählt jedes Jahr ein einziges Lied, das während ihrer gesamten Parade, die nicht länger als zweiundachtzig Minuten dauern darf, gespielt wird. Zu diesem Lied, das selbstverständlich alle auswendig lernen müssen, gibt es eine kaum erkennbare und recht lockere Choreografie. Hauptsächlich besteht sie darin, in einer Reihe zu laufen und manchmal die Arme wippend nach oben zu strecken. Vorerst wunderten wir uns nicht wenig. Um uns herum tanzten inzwischen ausgelassen ein paar Hundert Menschen und sangen alle durcheinander. Das sollte eine Probe sein? Für mich sah das mehr nach Party aus.

Wir hatten noch nicht angefangen zu drehen, weil wir uns erst beim Karnevalsdirektor vorstellen sollten. Der residierte in einem hübsch eingerichteten Hinterzimmer mit plüschiger Sitzecke vor einem hölzernen Wohnzimmerregal, auf dem jede Menge Pokale aufgereiht standen. Claus und ich durften eintreten. Und erlitten sofort einen Kälteschock, denn die Klimaanlage lief auf Hochtouren. Hier war es mindestens 15 Grad kälter als draußen.

Senhor Wagner, ein rundlicher Mann um die fünfzig mit einem Vollbart, saß zurückgelehnt in einem breiten Sessel und musterte uns, bevor er uns die Hand reichte. Wir setzten uns aufs Sofa. Claus hielt seine kleine Ansprache über die Bedeutung des ZDF und die des Karnevals. Wagner schien kein Mann großer Worte und auch nicht von großer Herzlichkeit zu sein. Ich sah ihn nie lächeln. Mit gerunzelter Stirn hörte er uns bloß stoisch zu, nickte ein paarmal kurz und gab dann einem Helfer an der Tür ein Zeichen. Er erinnerte mich an Marlon Brando im *Paten*. Immerhin gab er grünes Licht zum Drehen.

»Immer die Balance halten, das ist das Wichtigste«, sagte Felipe, während er mir mit ausgebreiteten Armen und fliegenden Beinen eine Schrittfolge erklärte. Draußen sang und tanzte die Masse. Hier drinnen, in einem Hinterzimmer, stand ich mit Felipe und Rafaela, dem Fahnenträgerpaar der Imperatriz. Beide waren Anfang zwanzig und tanzten derzeit hauptberuflich für ihre Sambaschule. Gemeinsam waren sie das wichtigste Paar der ganzen Schule, das Aushängeschild und ein bedeutender Faktor für die Entscheidung im Sambodrom, weil auch die Performance des Fahnenträgerpaars von der Jury bewertet wird.

»Und du musst mir immer in die Augen schauen«, sagte Rafaela.

Wir hielten uns mit unseren linken Händen aneinander fest und drehten uns. Ich sah ihr in die Augen, sie lächelte mich an. Felipe beobachtete uns kritisch. »Ich hoffe, du bist nicht eifersüchtig«, rief ich ihm zu. »Nur ein bisschen«, lachte er. Bis heute weiß ich nicht, ob die beiden auch außerhalb des Karnevals ein Paar sind.

Was wir hier übten, war der Tanz des Fahnenträgerpaars. Mit Drehungen, Verbeugungen, ausladenden Armbewegungen. Ich übte – Rafaela konnte ihn ja bereits. Gleich würden wir raus in die Halle gehen und vor allen Leuten tanzen.

»Hast du irgendwo mal tanzen gelernt?«, fragte mich Felipe.

»In Deutschland. Tanzkurs Anfänger und Fortgeschrittene. Standardtänze. Walzer, Rumba, Cha-Cha-Cha und so weiter. Bisschen anders als hier. Und während meines Fortgeschrittenenkurses ist meine Tanzschule abgebrannt. Wir mussten rauslaufen, und als die Feuerwehr kam, schauten wir von draußen zu, wie das ganze Haus abfackelte. Kein Witz.«

Rafaela musterte mich einen Moment lang verwirrt und lachte dann: »Okay, heute wird nichts abbrennen. Wir müssen gleich raus. Bist du bereit?«

Ich blickte erst zu Felipe hin, der die Daumen in die Höhe streckte, dann zu meinem Team, das die Vorbereitungen gedreht hatte.

»*Tudo bem?* Alles klar?«, fragte ich.

»*Tudo bem*«, sagte Claus, mein Producer.

»*Tudo bem*«, bestätigte Philippe, mein Kameramann.

Felipe und Rafaela gingen voran und trugen ihre Fahne mit dem Wappen der Sambaschule. Ich hinterher. Auf der Tanzfläche teilte sich die Menge, um das Fahnenträgerpärchen durchzulassen. Einige Trommler stellten sich am Rand in einer Reihe auf, gleich würde das diesjährige Lied der Sambaschule ertönen. Felipe und Rafaela begannen mit ihrem Tanz, irgendwann sollte ich Felipes Part übernehmen.

Sie tanzten anmutig, geschmeidig, elegant, souverän. Die Halle jubelte. Ich stand am Rand und beobachtete. Gleich war ich dran. Und alle hier warteten gespannt, wie sich der Gringo anstellen würde. Felipe übergab Rafaelas Hand an mich. Sie zwinkerte mir aufmunternd zu, sah toll aus mit dem weißen Rock, dem glitzernden Oberteil und den großen Ohrringen. Die schwarzen Haare trug sie streng zum Pferdeschwanz zurückgebunden. Unsere linken Hände verschränkten sich ineinander, Rafaela hatte mich fest im Griff. Mit der anderen Hand hielt sie die Fahne, deren Stab auf ihrer Hüfte aufsaß. Wir drehten uns. Ich sah ihr tief in die Augen, konzentrierte mich nur auf sie und nahm nur schemenhaft wahr, wie alles drumherum vorbeiflog. Auch sie wandte den Blick nicht von mir. Wir drehten uns wieder: einmal, zweimal, dreimal. Meine Beine kamen kaum nach, meine Füße bewegten sich auf Hochtouren. Wir schwebten über die Tanzfläche, über uns wehte die Fahne.

Rafaela gab mir ein Zeichen, und wir glitten auseinander, hoben die Arme, verbeugten uns, präsentierten die Fahne, bis sich unsere Hände erneut fanden. Wir drehten uns weiter. Einmal, zweimal, dreimal und viele Male mehr. Mir war unglaublich heiß. Mit jeder Drehung fasste ich mehr Vertrauen zu Rafaela, hatten wir mehr Vertrauen zueinander. Wir streckten unsere Arme, lehnten uns nach hinten. Unsere Hände griffen stärker ineinander, damit die Fliehkraft uns nicht auseinanderriss. Wir wirbelten herum wie in einem Rausch. Die Fahne flog.

Nach einer kleinen Ewigkeit wurden wir langsamer, scherten aus, verbeugten uns und präsentierten die Fahne dem Publikum. Ich war völlig außer Atem. Felipe tanzte zu uns herüber, und wir drehten uns zu dritt. Der Saal klatschte und jubelte. Alles war Musik. Dann standen wir drei in einer Reihe, hoben die Arme und bedankten uns beim Publikum. Felipe und Rafaela kamen auf mich zu, umarmten mich, nahmen ein Ende der Fahne und hielten sie mir hin. Ich durfte die Fahne küssen. Das darf nicht jeder.

Als ich später unsere Aufnahmen sichtete, stellte ich fest, dass sich auch die Kamera um uns im Kreis gedreht hatte. Philippe hatte alles weitwinklig und mit viel Bewegung gefilmt, er war mitgelaufen, die Kamera schwebte quasi um uns herum. Ich schlug mich nicht schlecht. Zwar war ich weit entfernt von Felipes natürlicher Art, schnelle, kurze Schritte in eine fließende Kreisbewegung münden zu lassen. Aber zumindest war es keine Blamage. Für einen Gringo sowieso nicht.

Auf unseren Bildern sah ich singende Menschen, die sich fast in Trance tanzten. Die Trommlergruppe mit ihren verschiedenen Instrumenten, die einen ohrenbetäubenden Lärm veranstaltete. Philippe, der im Laufe der Jahre schon in vielen Sambaschulen gedreht hatte, trug bei dem Dreh Ohrstöpsel. Auch Wagner, der Karnevalspräsident, war zu sehen, wie er mit stummer Miene den Tanz des Fahnenträgerpaars begutachtete, beide nachher zur Seite nahm und ihnen Verbesserungsvorschläge machte. Alle schienen Samba zu tanzen, als gäbe es kein Morgen. Mit schnellen Beinbewegungen und lockeren Hüften. Kleine Kinder, junge Frauen, alte Männer. Sie gaben sich der Musik und dem Moment einfach hin. Die Freude darüber stand ihnen ins Gesicht geschrieben.

Am nächsten Tag hatten wir einen Termin mit dem sehr schwul wirkenden künstlerischen Leiter. Max Lopes sah ein wenig aus wie ein leicht übergewichtiger Salvador Dalí, war Anfang sechzig und begann sofort mit mir zu flirten. Er empfing uns in Shorts und T-Shirt in seinen Werkstatthallen. An sechs überdimensionale Wagen wurde dort gerade letzte Hand angelegt. Dutzende von Arbeitern schraubten, schweißten und werkelten. Es blieben schließlich nur noch wenige Wochen bis zum großen Auftritt.

Die Wagen waren prächtige Fantasiegebilde auf Rädern, die die Welt von Jorge Amado, dem berühmten brasilianischen Schriftsteller aus Bahia im Nordosten des Landes darstellen sollten. Auf einem etwa schwebten meterhohe schwarze Frauenfiguren mit ihren typischen weißen Kopftüchern, auf einem anderen installierten ein paar Männer gerade einen riesigen Brunnen aus silbernem Metall, in dem echtes Wasser fließen sollte. Ein anderes Motiv gab die Kulisse der Altstadt von Salvador de Bahia mit ihren bunten Fassaden ab.

Als Nächstes schauten wir in der Schneiderei vorbei, wo es fast aussah wie in einem asiatischen Sweatshop. Dutzende von Frauen saßen vor ihren Nähmaschinen und fertigten Kostüme an. Federn in allen Farben, glitzernde Stoffe, bunte Masken. Max Lopes führte mich durch das Gewusel der Werkstatt, die Kamera folgte uns. Er hatte als künstlerischer Leiter für verschiedene Sambaschulen gearbeitet und dachte sich Jahr für Jahr ein neues Konzept aus, eine neue Karnevalswelt. Vom Federschmuck über das Kostüm bis hin zu den großen Wagen ging alles auf seinen Ideenreichtum, seine Kreativität zurück. Vor jedem Interview zupfte er meinen Hemdkragen zurecht.

Er sagte: »Kunst macht den Menschen glücklich. Die Schönheit der bildenden Kunst verändert ihn. Nur die Kunst und der Fußball vermögen das. Und Karneval ist Kunst für das Volk. Ich wollte die Menschen immer glücklich machen, sie zum Lachen bringen. Ich habe auch schon viel für das Theater gearbeitet. Aber der Karneval ist mehr für den kleinen Mann und hat ein viel größeres Publikum. Er macht die Menschen glücklich.«

Zwei Wochen später drehten wir im Sambodrom die Generalprobe. Im Gegensatz zum wahren Leben in Brasilien wird beim Karneval so wenig wie möglich dem Zufall überlassen.

Die Straßen um das Sambodrom herum waren weiträumig abgesperrt, und wir hatten Mühe, überhaupt hinzukommen. Alles war streng geregelt. Nur mit einem T-Shirt der Sambaschule Imperatriz durften wir überhaupt in den inneren Bereich. Senhor Wagner empfing uns mit einem kurzen Händedruck. Ludmila begrüßte uns mit einer flüchtigen Umarmung. Max Lopes winkte uns von Weitem zu. Alle waren furchtbar beschäftigt, fast gestresst. Die Generalprobe findet übrigens ohne Kostüme und ohne Wagen statt. Es geht vor allem darum, die verschiedenen Gruppen aufeinander abzustimmen und ein gemeinsames Tempo zu finden. Und um Motivation natürlich.

»Ist doch klar, wir wollen gewinnen«, hatte der Karnevalsdirektor mit entschlossenem Blick beim Interview gesagt. Während der ganzen Generalprobe würde er stoisch vorneweg oder nebenherlaufen. Nichts würde seinen Augen entgehen. Ausgelassen war er bestimmt nicht, sondern konzentriert, kritisch, ungeduldig, angespannt.

»Einer muss den Überblick behalten«, erklärte er mir. »Ich lasse mich nicht mitreißen vom Samba, denn ich muss die Schule managen. Leidenschaft macht blind.« Er wollte die Fehler ausmerzen, bevor die Jury sie entdeckte. Wagner ist vielleicht der unbrasilianischste Brasilianer, der mir bisher begegnet ist. Total diszipliniert und fokussiert. Und das beim Brasilianischsten, das es gibt: beim Karneval.

Wir standen am Eingang zum Sambodrom. Die *bateria,* die Trommlergruppe, insgesamt ein-, zweihundert Mann, legte los. Ein Höllenlärm und das immer gleiche Sambalied, gesungen von Sängern auf einem Lautsprecherwagen. Die verschiedenen Abteilungen, an diesem Abend vielleicht 1500 Mitwirkende, zogen hinterher. Ich mit ihnen. Wir bogen ein in die 700 Meter lange, von Tribünen gesäumte Gerade des Sambodroms. 82 Minuten hat jede Schule für diese Strecke, an deren Ende die berühmten geschwungenen Bögen stehen. Sie sind von Oscar Niemeyer, dem großen brasilianischen Architekten, der neben der futuristischen Hauptstadt Brasília auch das Sambodrom entworfen hat. 1984 wurde es fertig gestellt – ein lang gezogenes Stadion nur für Karneval, wenn man von seltenen Konzerten einmal absieht. Jetzt zur Generalprobe war niemand auf den Rängen, doch am Tag der Parade würden hier fast 80 000 Menschen den Sambaschulen zujubeln. Ich ließ mich vom Samba treiben, riss die Arme nach oben und sang das Lied mit, das selbst ich inzwischen halb auswendig kannte.

Später traf ich Felipe und Rafaela wieder. Sie präsentierten ihren Fahnenträgertanz noch ausdrucksvoller als beim letzten Mal. Abgeschirmt von anderen glitten sie elegant durch die Arena. Als sie mich am Rand stehen sahen, bewegten sie sich kurz zu mir herüber. Wir umarmten uns. Sie ließen mich noch einmal die Fahne küssen. Und schwebten schon wieder weiter.

Wir drehten die ganze Parade in der Hitze der Nacht und interviewten ausgelassene Menschen. Von den leeren Rängen hallte das Wummern der Trommeln wider. Erst weit nach Mitternacht endete die Generalprobe. Wir waren erschöpft und verschwitzt und gleichzeitig hochzufrieden mit dem Abend.

»Andreas, weißt du eigentlich, dass das eine große Ehre war?«, fragte mich Claus.

»Was genau?«

»Das mit der Fahne. Sie haben dich die Fahne küssen lassen.«

»Ja, ich weiß.«

»Ich berichte seit fast fünfundzwanzig Jahren über den Karneval«, sagte Claus, »und war immer im Sambodrom dabei und bei vielen Proben. Für das ZDF mit deinen Vorgängern, aber auch für andere Sender. Ich durfte noch nie die Fahne küssen.«

»Eine große Ehre also?«

»Eine sehr große, glaub mir.«

Strandphilosophie und Strandetikette

»Sollen wir später noch an den Strand?«, fragte mich Sophia am Telefon. Es war ein Samstag, und Sophia hatte Wochenenddienst.

In Rio de Janeiro an den Strand zu gehen ist in jeder Hinsicht ein Erlebnis. Sofern man den richtigen wählt. Und das ist gar nicht so leicht.

Völlig out sind seit geraumer Zeit die in der Bucht gelegenen Stadtstrände Flamengo, Botafogo und Urca. Jeder Carioca rümpft die Nase darüber und behauptet, das Wasser dort sei unglaublich schmutzig. Angesagt sind nach wie vor die Atlantikstrände Leme, Copacabana, Arpoador, Ipanema, Leblon und São Conrado. Während sich nach Leme so gut wie keine Touristen verirren, sind sie in Copacabana nicht zu übersehen. Darunter viele Gringos natürlich, aber vor allem Brasilianer aus dem ganzen Land, die hier Urlaub machen. Außerdem viele Rentner – gut situierte Damen und Herren des dritten Alters (*terceira idade*), wie man in Brasilien sagt –, die sich in Strandnähe einen angenehmen Lebensabend gönnen. In Ipanema dagegen geht es wesentlich jünger, hipper und schöner zu. Aber auch komplizierter. Denn ungeschriebene Gesetze teilen den Strand dort in verschiedene Abschnitte ein, und die Rettungsschwimmerposten markieren die Begrenzungen.

Bei *posto* 7 in Ipanema – die ersten sechs Posten befinden sich in Leme beziehungsweise in Copacabana – tummeln sich vor allem Surfer und Kids aus den Favelas. Dort habe ich meinen Surfkurs gemacht. *Posto* 8 ist fest in der Hand von Schwulen und Lesben. Am Strand wehen die bunten Schwulenfahnen, Männer knutschen mit Männern, Frauen gehen eng umschlungen am Strand entlang. *Posto* 9, der beliebteste und deshalb vollste Abschnitt, wird insbesondere von Alternativen und Kreativen bevorzugt sowie von Studenten. Strandbeautys und Familien wiederum ziehen *posto* 10 vor. Und je weiter man Richtung Leblon kommt, desto mehr Reiche und Schöne räkeln sich im Sand.

Sophia und ich entschieden uns für Ipanema zwischen den Rettungsschwimmerposten 9 und 10. Es war ein später Nachmittag im Sommer und der Strand entsprechend voll. Ein Meer aus Sonnenschirmen im Sand. Auf der Promenade schoben sich die Menschenmassen an den Kiosken vorbei. Ein paar Musiker spielten Samba. Die große digitale Temperaturtafel meldete 34 Grad. Eigentlich zeigt sie darunter den empfohlenen Sonnenschutzfaktor an, individuell aufgelistet für die unterschiedlichen Hauttypen: schwarz, dunkelbraun, hellbraun, weiß. Doch die Anzeige war gerade kaputt.

Ich hatte eine Strandtasche dabei, ganz gringomäßig, denn ein echter Carioca nimmt so wenig Sachen wie möglich mit zum Strand. Nach Möglichkeit nur etwas Geld und den Schlüsselbund. Und ein noch echterer Carioca hat so gut wie nichts dabei. Außer seiner Freundin. Und die trägt den Bikini gleich unter dem

Kleid. Macht Sophia auch oft, obwohl sie eine Paulistana ist.

Ein echter Carioca betritt den Sand zudem grundsätzlich mit bloßen Füßen, niemals mit Flipflops oder Sandalen, geschweige denn mit normalen Schuhen. Immer barfuß. Und wenn der Sand zu heiß ist, muss man halt schneller laufen. Ein echter Carioca erlegt sich selbst jede Menge Regeln auf, wenn es um den Strand geht. Eigentlich sehr unbrasilianisch, diese strenge Strandetikette. Und wer nicht als Tourist oder Gringo oder beides auffallen will, sollte sich anpassen. Vor allem bei der Sache mit den Handtüchern. Die sind am Strand von Rio verpönt.

»Warum soll man eigentlich kein Handtuch mit an den Strand nehmen?«, fragte ich Sophia, als wir Hand in Hand Richtung Wasser gingen. Sie blieb stehen und sah mich verständnislos an.

»Ein Handtuch benutzt man zu Hause im Bad. Aber doch nicht am Strand. Schau dich mal um, du wirst niemanden sehen, der ein Handtuch dabeihat.«

»Ich weiß. Und ich hab mich ja auch dran gehalten, obwohl ich es nicht verstehe.«

»Gut so. Alles, was du mit an den Strand nehmen darfst und halbwegs an ein Tuch erinnert, ist ein *canga.*«

Dünne Strandtücher eben, die es überall zu kaufen gibt und die man ausschließlich nutzt, um sich darauf in den Sand zu legen oder zu setzen. Sonst nichts. Immer wieder sieht man zwar Frauen, die sich ein *canga* wie einen Rock um die Hüften gebunden haben, doch das können keine Cariocas sein, sagte Sophia streng. »Ein *canga* als Kleid zu tragen, das ist in Rio längst passé.«

Die Sache mit den Handtüchern hat übrigens eine komische Begleiterscheinung. Weil niemand sich abtrocknen kann, bleiben viele einfach stehen, bis Wind und Sonne ihr Werk getan haben. Vor allem Männer sieht man, die sich nach dem Schwimmen mit verschränkten Armen und zufriedenem Gesichtsausdruck breitbeinig in den Sand stellen, um in Schönheit zu trocknen. Ich habe noch nie so viele Menschen an einem Strand stehen sehen. Oder sie sitzen. Im Gegensatz zum Handtuch ist nämlich ein Klappstuhl, entweder selbst mitgebracht oder ausgeliehen, ganz und gar nicht peinlich oder verpönt.

Sophia steuerte auf eine *barraca* zu, die Stühle und Schirme vermietet und Getränke verkauft. Wir suchten uns einen Platz aus, ein Junge brachte uns die Stühle und rammte den Schirm mit ernsthafter Kunstfertigkeit in den Sand.

»Wenn ihr was braucht, Bier, Cola, Caipirinha, sagt mir einfach Bescheid.«

»Alles klar, *amigo*.« Ein Daumen-hoch-Zeichen und weg war er.

Ich sah mich um. Vor uns, hinter uns, links von uns, rechts von uns saßen Menschen auf ihren Klappstühlen und tranken Bier. Kein Mineralwasser, keine Limonade, Bier. Überwiegend zumindest. Trotz der Hitze. Auch das war für mich anfangs gewöhnungsbedürftig, aber inzwischen ein vertrautes Bild. Und man schien sich großenteils zu kennen.

Die Strandcliquen in Rio sind legendär, oft bestehen die Verbindungen seit Jahrzehnten oder Generationen. Es ist immer wieder ein Erlebnis, sie zu beobachten.

Sobald jemand hinzukommt, gibt es ein großes Hallo. Jeder Einzelne wird mit Handschlag, Umarmung, Schulterklopfen oder Küsschen links, Küsschen rechts begrüßt. Und genauso verabschiedet man sich. Alle reden laut und gestikulieren dabei wild mit den Händen. Außerdem fällt mir immer auf, dass diese Gruppen sich stundenlang nicht vom Fleck rühren. Zum Schwimmen scheint kaum jemand von ihnen herzukommen.

Sophia schlüpfte aus ihrem weißen Baumwollkleid und stand im Bikini da. Das ging schnell bei ihr, und dieses Effizienzdenken ist typisch für eine Paulistana. Eine Carioca dagegen lässt sich beim Ausziehen am Strand gerne viel Zeit. Sie bleibt provokativ stehen, denn neugierige Blicke sind erwünscht. Manche Frauen zelebrieren diesen Akt minutenlang in dem stolzen Bewusstsein, dass alle Männer in näherer Umgebung ihr zuschauen. Der Strand als große Bühne.

Von meinem Stuhl aus schaute ich an Sophia hoch. Ihr Bikini, einer von mindestens zehn, war eigentlich ziemlich knapp und gewährte viele Einblicke. Würde in Deutschland vermutlich als gewagt gelten, doch im Vergleich zu den in Brasilien so beliebten Stringmodellen wirkte er beinahe züchtig. *Fio dental*, Zahnseidenbikini, nennt man die extremsten Kreationen, die mit einem Minimum an Stoff und bleistiftdünnen Fäden am Po, auf den Hüften und sogar am Oberteil auskommen. Man hat es in Brasilien gerne, wenn möglichst viel neben, unter und über dem Stoff zu sehen ist. Da verwundert es dann sehr, dass oben ohne völlig undenkbar und völlig inakzeptabel ist. Gemäß dem brasilianischen Strandkodex dagegen ist das Hinterteil einer Frau textilfreier als der Strand selbst.

In diesem Zusammenhang muss auch einmal mit einem positiven Vorurteil aufgeräumt werden. Fotos und Fernsehbilder aus Rio zeigen meist braun gebrannte Schönheiten in knappen Bikinis und leisten der Vermutung Vorschub, dass es dort nur gut aussehende, schlanke Menschen gibt. Weit gefehlt. Viele Brasilianer und Brasilianerinnen haben erhebliche Gewichtsprobleme. Was sicher unter anderem an dem hohen Bierkonsum gerade auch am Strand liegt. Trotzdem zeigen selbst Übergewichtige viel Haut. Schwabbelige Frauen jeden Alters präsentieren stolz im knappen Bikini alles, was sie haben. Kugelrunde Männer reiben sich selbstzufrieden über die immensen Bäuche. Am Strand sind die Cariocas stets ganz bei sich, egal wie dick oder hässlich. Probleme mit ihrer Figur haben sie offenbar nicht.

»Ich gehe ins Wasser«, sagte Sophia und lief davon. Ich legte mich auf unser Strandtuch und sah ihr nach. Mit großen Schritten sprang sie der Brandung entgegen und hechtete in die nächste Welle, tauchte prustend wieder auf, stellte sich hin und strich sich ihre langen dunklen Haare aus dem Gesicht. Dann lief sie ein paar Meter im seichten Wasser Richtung Strand, bevor sie sich umdrehte, wieder untertauchte und die nächste Welle durchschwamm. Keine fünf Minuten später war sie zurück und legte sich kalt und nass direkt auf mich drauf.

»Weißt du eigentlich, dass Deutsche und Brasilianer auf völlig unterschiedliche Weise im Meer schwimmen gehen?«, fragte ich sie.

»Wieso?«

»Na ja. Der Deutsche testet erst mal mit den Füßen die Temperatur. Meist ist ihm das Wasser zu kalt, nicht nur am Mittelmeer, sondern sogar hier in Rio. Deshalb watet er langsam vorwärts. Wenn ihm das Wasser bis an die Oberschenkel reicht und die nächste Welle bis zur Hüfte hochschwappt, stellt er sich schnell auf die Zehenspitzen, zieht den Bauch ein, hebt die Arme halb nach oben und verzieht das Gesicht. Ältere Semester feuchten sich außerdem Brust und Oberarme an, bevor sie sich ins Wasser gleiten lassen, den Kopf immer schön oben. Brasilianer hingegen denken nicht lange nach, springen einfach rein und sind nach ein paar Minuten wieder draußen. Wenn ich's mir recht überlege, ist das der Hauptunterschied zwischen Gringos und Cariocas.«

»Du spinnst«, lachte Sophia und rollte sich von mir runter.

»Kein Witz. Ich mach das natürlich nicht so. Hab es aber oft beobachtet.

»Du spinnst«, wiederholte Sophia, »ich finde, dass es genau umgekehrt ist.«

Inzwischen war es später Nachmittag, und noch immer brannte die Sonne vom Himmel. Niemand ging jetzt schon nach Hause. Strandverkäufer boten aus umgehängten Styroporboxen Getränke an: Cola, Guaraná, Wasser, Limonade. Andere schleppten große, runde Metallkanister mit Zapfhähnen, aus denen sie eiskalten *mate,* eine Art Eistee, in einen Plastikbecher abließen. Mit einem Schuss Zitrone vermutlich das beliebteste Strandgetränk in Rio. Außer Bier selbstverständlich. Andere verkauften Teigtaschen, Knabberzeug, geröstete Scampi – oder irgendwelchen Strandbedarf wie Sonnenbrillen, Baseballmützen, Strandtücher und Bikinis.

Wir saßen in unseren Stühlen und bestellten beim Chef unserer *barraca* per Handzeichen zwei Bier. Sie wurden uns sofort gebracht, erwartungsgemäß eiskalt. Ich sah vor lauter Sonnenschirmen das Wasser nicht mehr und musste plötzlich daran denken, wie leer der Strand in Rio manchmal sein kann. An einem ruhigen, herbstlichen Wochentag im April etwa, obwohl zu dieser Zeit das Thermometer oft noch 28 Grad anzeigt. Selbst Copacabana und Ipanema habe ich bereits sehr ruhig erlebt, fast leer wie eine unbenutzte Kulisse.

Auch frühmorgens, wenn sich die Sonne noch nicht so richtig hervorgekämpft hat und alles gerade erwacht, ist der Strand eine andere Welt. Bloß Jogger und Spaziergänger sieht man dann. Manchmal ist es so diesig, dass man nicht das andere Ende der lang geschwungenen Promenade erkennt. Es sind diese Momente, die für den Strand in Rio genauso typisch sind wie der Trubel im Sommer. Der Carioca nimmt es so, wie es kommt. Vieles spielt sich für ihn am Strand ab, er ist Sehnsuchtsort und Wohnzimmer zugleich. Nur bei Regen liegt an der Promenade alles ausgestorben da. Es gibt kein schlechtes Wetter, nur die falsche Kleidung. Mit dieser Weisheit kann ein Carioca nichts anfangen.

»Findest du, dass der Strand der demokratischste Ort Brasiliens ist?«, fragte ich Sophia.

»Das wird immer so gesagt. Und da ist wohl auch was dran.«

»Am Strand sind alle gleich, meinst du?«

»Na ja. In kaum einem anderen Land gibt es eine so große soziale Ungerechtigkeit wie hier, obwohl sich die Schere langsam zu schließen beginnt. Aber Brasilien hat vieles, was alle gemeinsam haben. Die Begeisterung für den Fußball, für den Karneval, für die Samba. Alle tragen Havaianas, egal ob reich oder arm. Und alle treffen sich am Strand.«

»Bloß ist es für manche ihr Arbeitsplatz, während andere sich einen schönen Tag machen. Und die sozialen Unterschiede bleiben bestehen, denk nur an die verschiedenen Abschnitte. Man ist gerne unter sich.«

»Schon, doch man redet zumindest miteinander, es gibt weniger Berührungsängste als anderswo. Menschen aus verschiedenen sozialen Klassen begegnen sich immerhin. Familien aus den Favelas kommen ebenso her wie solche aus den Nobelvierteln. Vielleicht sitzen sie nicht am gleichen Abschnitt, aber die Liebe zum Strand, die teilen sie.«

»Sehr poetisch ausgedrückt«, neckte ich sie.

»Ja, irgendwie schon«, sagte sie lächelnd. Und fügte nachdenklich hinzu: »Und ich glaube, es stimmt.«

Wir packten unsere Sachen zusammen, beglichen die Rechnung für zwei Stühle, einen Schirm und zwei Bier. In meinen ersten Wochen in Rio de Janeiro hatte ich einmal umgerechnet über 20 Euro für einen Obstsalat bezahlt. Gringo-Preis. Das passierte mir inzwischen nicht mehr. Mit Sophia an meiner Seite schon gar nicht. Der Preis heute war völlig in Ordnung. Der Besitzer der *barraca* bedankte sich herzlich bei uns, und wir versprachen ihm überschwänglich, bald wiederzukommen. Schulterklopfen, Daumen-hoch-Zeichen. Zum Schluss spazierten wir noch ein Stück die Promenade entlang, bestellten an einem Kiosk mit einem freien Tisch zwei Caipirinhas. Nach zehn Minuten kamen sie in durchsichtigen Plastikbechern mit viel Eis. Sie waren sehr stark.

»Welcher Strand in Rio ist denn jetzt der schönste?«, fragte ich Sophia.

»Was denkst du denn?«

»Na ja, ich finde Ipanema echt gut. Höchstens zu voll im Sommer. Copacabana ist ein bisschen ruhiger. Und Leme sowieso. Was findest du denn? Welcher ist für dich am schönsten?«

»Ganz einfach«, lächelte sie. »Der schönste Strand in Rio ist immer der, der am nächsten an deiner Wohnung liegt. Wo du am schnellsten hinkommst.«

Wir saßen noch ein bisschen und redeten, bis wir ausgetrunken hatten. Dann gingen wir zu Sophias Apartment. Es lag praktisch gleich um die Ecke.

Einkaufen in Rio:
ziemlich nackt und ziemlich langsam

Nach ungefähr einem Jahr in Rio de Janeiro traute ich mich zum ersten Mal, nackt einkaufen zu gehen. Na ja, nicht ganz nackt. Aber fast. Nur mit einer Badehose bekleidet.

Im Hochsommer lebt ein Carioca am Strand und für den Strand. Auch wenn er gerade nicht am Strand liegt, tut er gerne so, als ob. Und deshalb mag er selbst bei den lästigen Pflichten des Alltags nicht auf sein Lieblingsoutfit verzichten. Das sind Badehose und Havaianas und viel nackte Haut. Und so spaziert der selbstbewusste Carioca auch draußen herum, fährt Bus oder kauft im Supermarkt ein. Alles mit freiem Oberkörper und egal mit welchem Bauchumfang.

Das gilt in der Regel nur für Männer. Frauen im Bikini sieht man abseits des Strands eher selten. Hingegen sind in den Sommermonaten Januar und Februar die Geschäfte in Strandnähe bevölkert von Männern, die in Badehose ihren Einkaufswagen schieben, halb nackt an der Wursttheke stehen oder an der Kasse die Geheimzahl ihrer Kreditkarte eingeben. Die Karte selbst steckt entweder im Hosenbund oder in der Gesäßtasche der manchmal noch feuchten Badehose. Wer bar zahlt, tut dies nicht selten mit durchweichten Scheinen.

Nun gibt es verschiedene Arten, in einer Badehose im Supermarkt einzukaufen, und so musste ich mich für eine Variante entscheiden. Es stellte sich zunächst die Frage der Badehose. Entweder weite Badeshorts, die bis fast zu den Knien reichen. Oder eine knapp geschnittene, eng anliegende Badehose, wie sie in Deutschland seit Jahrzehnten so gut wie out ist. Anders in Brasilien, dort erfreut sich die *sunga* nach wie vor größter Beliebtheit bei Männern aller Altersklassen. Vor allem natürlich bei denen, die gerne zeigen, was sie vorne so mitbringen. Im Supermarkt haben diese Minis jedoch den Nachteil, dass Taschen für Kreditkarte oder Geldscheine fehlen.

Doch die brasilianischen Supermarktkunden in Badehose unterscheiden sich nicht nur hinsichtlich dieser modischen Gewissensfrage. Manche kommen trocken oder zumindest halb trocken, andere hingegen tropfnass frisch aus dem Meer und hinterlassen sichtbare Spuren. Ein Teil ist barfuß, ein Teil trägt Badeschlappen. Bei einigen steckt das ausgezogene T-Shirt hinten im Hosenbund, viele haben gar keins dabei. Auf dieser Skala darf sicher die Variante »nasse *sunga* ohne T-Shirt und Schlappen« als extremste Form gelten. Was ich als immer noch schüchterner Gringo natürlich nicht wagte. Ich entschied mich vielmehr für das andere Ende der Skala.

»Ich gehe heute Nachmittag mal in Badehose einkaufen«, sagte ich nicht ohne Stolz zu Sophia, als wir beim Frühstück auf meinem Balkon saßen.

»Na und?« Sie wirkte völlig unbeeindruckt.

»Na ja, ich will das mal ausprobieren.«

»Ja, aber das macht doch hier am Strand jeder.«

»Bist du schon mal im Bikini einkaufen gegangen?«

»Klar. Im Urlaub. Im Supermarkt beim Strandhaus meiner Eltern.«

»Okay. In Deutschland tut das keiner. Außer vielleicht auf Campingplätzen.«

»In Deutschland gibt es ja auch keinen Strand.«

»Hey, hey, natürlich gibt es Strände. Schöne sogar.« Ich habe zwar noch nie an der Nord- oder Ostsee Urlaub gemacht, musste das aber trotzdem mal sagen.

»Ostsee? Nordsee?« Wieder dieses brasilianische Mitleid in Sophias Blick.

»Ja, Ostsee, Nordsee«, sagte ich.

»In Deutschland gibt es keinen Strand«, sagte sie abschließend und würgte jede weitere Diskussion ab.

Wie auch immer. Ich traute mich also zum ersten Mal im Strandoutfit in den Supermarkt. Bekleidet mit trockenen Badeshorts und Havaianas, das ausgezogene T-Shirt locker über die rechte Schulter geworfen.

Schon auf dem Weg dorthin merkte ich, dass es mir schwerfiel, mit freiem Oberkörper einfach so den Bürgersteig entlangzugehen. Es war ungewohnt, wenngleich nicht unbedingt unangenehm. Ich kam vom Strand. Früher Abend, die Sonne stand tief, trotzdem war es noch sehr heiß. Ich hatte sonst nichts dabei. Meine Hände waren frei und zupften manchmal das T-Shirt auf meiner Schulter zurecht. Vielleicht so was wie eine Übersprunghandlung aus Nervosität, dachte ich sofort. Zugleich war ich versucht, im Vorübergehen jeden der entgegenkommenden Brasilianer mit freiem Oberkörper kurz zu grüßen. Mit einer schnellen, lässigen Handbewegung, wie es in Deutschland Motorradfahrer bei ihren Sonntagsausflügen auf der Landstraße tun. Schließlich gehörte ich jetzt dazu.

Ich entschied mich dagegen, ging grußlos weiter zum

Supermarkt Zona Sul direkt an der Avenida Atlântica in Leme, wo ich normalerweise angezogen einkaufe. Er besticht vor allem durch eine kleine Auswahl und hohe Preise. Vieles ist in Brasilien schlicht teurer als in Deutschland. Insbesondere beim Weinregal kamen mir in den ersten Monaten regelmäßig die Tränen. Brasilianischer Wein ist kaum zu empfehlen, importierter aus Chile, Argentinien oder gar Europa völlig überteuert. Was an der Mischung aus starkem Real, hohen Steuern und stattlichen Gewinnmargen liegt. Noch heute schocke ich gerne Besucher aus Deutschland damit, dass ich sie ans Weinregal in meinem Zona-Sul-Supermarkt führe und ihnen eine Flasche Freixenet zeige, einen spanischen Sekt. Bei meinem letzten Heimatbesuch in Deutschland kostete die Flasche in einem Berliner Supermarkt (Kaufland am Rathaus Neukölln) gerade mal 5,79 Euro. Preisvergleich im Zona Sul an der Avenida Atlântica im Stadtteil Leme, Rio de Janeiro: 59,50 Reais, umgerechnet schizophrene 23 Euro.

Doch nicht nur deshalb macht Einkaufen in Brasilien keinen Spaß. Alles dauert mindestens doppelt so lang wie in Deutschland. Wer das stramme ALDI-Tempo gewöhnt ist, mit dem Produkte so schnell über die Scanner-Kasse geratscht werden, dass man kaum damit nachkommt, alles wieder in den Wagen zu werfen, wird in Brasilien nicht glücklich. Hier fühlt man sich in einem Supermarkt bisweilen wie im falschen Film, denn alles läuft in Zeitlupe ab. Es wird viel gequatscht, die Produkte werden gemächlich aufs Band gelegt, keiner hat es eilig, niemand drängelt oder meckert. Alle sind die Ruhe selbst.

Dass in Brasilien Schlaftablettentempo herrscht, ist bei Weitem nicht nur ein unbestimmtes Gefühl meinerseits, sondern von klugen Zeitforschern wissenschaftlich untersucht worden. Und zwar lange vor meiner persönlichen Entdeckung der brasilianischen Langsamkeit. Allen voran von Robert Levine, Autor des hochinteressanten Buches *Eine Landkarte der Zeit*. Der US-amerikanische Psychologieprofessor lebte und litt selbst eine Weile in Brasilien, wusste also, wovon er sprach. In einem weltumspannenden Experiment hat Levine das Lebenstempo in einunddreißig Ländern bestimmt, wobei er sich auf drei zentrale Geschwindigkeitsmerkmale oder besser gesagt Langsamkeitsmerkmale konzentrierte. Levine untersuchte die Gehgeschwindigkeit, die Bedienungszeit bei der Post und die Genauigkeit der Uhren.

In Sachen Gehgeschwindigkeit wurde das Tempo zufällig ausgewählter Fußgänger auf einer Entfernung von zwanzig Metern gemessen, die an Sommertagen in belebten Ladenstraßen im Zentrum der Stadt unterwegs waren. Auf der Post legte man dem Schalterbeamten eine Notiz in der Landessprache vor mit der Bitte um eine Standardbriefmarke, die sogleich bezahlt wurde. Und die Genauigkeit der Uhren ermittelte man, indem man die Uhren an fünfzehn zufällig ausgewählten Geschäftsgebäuden mit der Telefonansage verglich. Allein das war in Brasilien schon zum Scheitern verurteilt.

Das Ergebnis war dementsprechend. Auf einer Rangliste der untersuchten Länder belegte die Schweiz den ersten Platz, Mexiko den letzten. Das heißt: In der Schweiz ging alles am schnellsten, in Mexiko alles am langsamsten. Das flotte Deutschland landete auf Platz drei. Das schlafwandelnde Brasilien auf dem drittletzten Platz. Nur in der Kategorie Gehgeschwindigkeit lag Brasilien sogar auf dem letzten Platz. Niemand auf der Welt schlendert geruhsamer als ein Brasilianer.

Die Untersuchungen ergaben ferner, dass Brasilianer es etwa völlig in Ordnung finden, wenn jemand bis zu 62 Minuten verspätet zu einer Mittagessensverabredung kommt. Oder 129 Minuten zu spät zu einem Kindergeburtstag. Brasilianer halten unpünktliche Menschen sogar für erfolgreich und pünktliche für Versager. Wer ständig zu spät kommt, ist beliebt, weil man ihn für gut gelaunt und relaxed hält. Zeitforscher Levine zog ein schockierendes Fazit. Der Brasilianer habe »jeden Anspruch auf Orientierung an der Uhr aufgegeben«. Die Ergebnisse waren Wasser auf meine Mühlen. Jetzt fühlte ich mich nicht mehr so allein mit meinem Kulturschock. Und mit meiner Ungeduld angesichts der brasilianischen Langsamkeit.

Ich erinnere mich noch gut an meinen ersten Supermarktbesuch nach meiner Ankunft in Rio. An das Laisser-faire an der Wurst- und Käsetheke. Da wünschte jemand 200 Gramm Mortadella, und der gelangweilte Verkäufer warf einfach einen ungefähren Batzen auf die Waage. 280 Gramm: Fragend schaute er hoch, aber der Kunde erhob keine Einwände. Die meisten Brasilianer nehmen es, wie's gerade kommt.

Damals erlebte ich zudem selbst eine Extremsituation, die in einem deutschen Supermarkt einen Aufstand ausgelöst hätte. Ich stand an der Kasse und hatte jede Menge exotisches Obst im Einkaufswagen. Hinter mir mindestens sechs Kunden mit vollen Wägen. Dann der Albtraum.

»Sie müssen die Früchte abwiegen«, sagte die Kassiererin.

Ich blickte sie entgeistert an. Sah auf die vielen Tüten Obst vor mir. Schaute nach hinten zu der wartenden Schlange.

»Oh ...«, machte ich bloß. Spätestens in diesem Moment hätte man in Deutschland ein Problem.

»Dort hinten bei der Obsttheke.« Die Kassiererin zeigte nach links.

»Äh, soll ich jetzt dorthin gehen?«

»Ja, klar.«

Ich drehte mich zur Kundin hinter mir: »Also, ich müsste noch kurz das Obst abwiegen.«

»Kein Problem«, sagte die Frau und nickte freundlich. Auch die Kassiererin schenkte mir ein aufmunterndes Lächeln.

Ich legte los. Packte die Tüten mit beiden Händen, jagte mit schnellen Schritten an der Warteschlange hinter mir vorbei, lächelte entschuldigend und machte mich auf zur Obsttheke. Dort gab es ebenfalls eine Schlange, in die ich mich einreihen musste. Mir erschien es wie eine kleine Ewigkeit. Ich schwitzte. Und da ich zu diesem Zeitpunkt noch nicht ohne T-Shirt einkaufen ging, klebte mir mein Hemd am Rücken. Irgendwann war ich fertig, sprintete zurück zur Kasse. Inzwischen war, wie sollte es anders sein, die Schlange angewachsen. Alle warteten auf mich, damit es endlich weiterging. Ich machte mich auf das Schlimmste gefasst. Auf wüste Beschimpfungen, drohende Zeigefinger, wütend schnaubende Kunden. Wie in Deutschland eben.

Doch ich sah es schon von Weitem, dass ich dergleichen nicht befürchten musste. Alle standen gelassen an ihren Wägen und plauderten. Einige hatten die Wartezeit offenbar genutzt, Bekanntschaft zu schließen. Harmonie pur. Mir kam es vor, als stünden dort nur Leute, die ausnahmslos in sich ruhten, mit sich und der Welt im Reinen und frei von Ärger und Aggression waren, dazu grenzenlos Zeit zu haben schienen. Und das an einem Wochentag an einer Supermarktkasse!

Ich traute dem Frieden nicht. Demütig und immer noch ein wenig angstvoll eilte ich zurück, warf das Obst auf das Laufband, während mein Blick die anderen Kunden um Entschuldigung anflehte. »Tut mir wirklich leid, vielen Dank«, sagte ich schuldbewusst, zumal jetzt gleich das nächste Problem kam. Ich wurde etwas gefragt und verstand es nicht. Mit meinem Portugiesisch war es, wie gesagt, anfangs nicht weit her. Erst nach einiger Zeit fand ich heraus, wie das abläuft an brasilianischen Kassen. Zuerst wird man gefragt, ob man eine Kundenkarte habe. Besaß ich natürlich damals nicht, aber weil ich überhaupt nichts kapierte, zuckte ich nur hilflos die Schultern.

Als ich stattdessen meine Kreditkarte zückte, kam der nächste Stolperstein. »*Débito o crédito?*«, wollte die Verkäuferin wissen. In Brasilien sind die Karten nämlich meist beides, Kredit- und EC-Karte in einem. Neue Verwirrung und neue entschuldigende Blicke. Doch niemand schaute böse. Die meisten lächelten oder machten das Daumen-hoch-Zeichen. Brasilianer sind wirklich das entspannteste Volk der Welt. Es gibt keine treffendere Bezeichnung dafür. Schwebend ging ich nach Hause und musste mich von so viel Sanftmut erst mal erholen.

Ich hatte also schon einige Grenzerfahrungen hinter mir, als ich leicht bekleidet und fast ohne Textilien in den Gang mit den Kühlregalen einbog. Ein kalter Hauch wehte mir entgegen. Und da ich mehr oder weniger oben ohne herumlief, schaute ich zu, dass ich schnellstmöglich wieder in wärmere Regionen kam. Rasch zog ich deshalb weiter zur Käsetheke, reihte mich in eine Schlange ein, die wieder mal nicht vorwärtskam. Warum? Die drei Verkäufer quatschten munter und ignorierten die Kunden. Ich wartete. Um mir die Zeit zu vertreiben, korrigierte ich erst meine Haltung – Bauch rein, Schultern zurück – und kontrollierte dann meinen Einkaufskorb, in dem Chips und Schokolade fehlten. Hielt man sich halb nackt nicht nur besser, sondern kaufte auch gesünder ein? Ein neues Körperbewusstsein kombiniert mit gesünderer Ernährung? Ein dicker Brasilianer, der gerade mit nacktem Bierbauch beim Brotregal um die Ecke bog, veranlasste mich jedoch, diese schöne Theorie gleich wieder zu verwerfen. Da die Schlange an der Käsetheke sich offenbar einfach nicht bewegen wollte, rief ich Sophia an.

»Bin noch im Supermarkt, stehe hier halb nackt herum und warte«, sagte ich.

»Das tue ich auch«, antwortete sie. »Wann kommst du endlich?«

In diesem Moment beschloss ich, mich ganz unbrasilianisch zu beeilen. Ich verließ die Käsetheke und steuerte Richtung Kasse.

Eine schrecklich nette brasilianische Großfamilie

Eigentlich hatte ich mir von diesem Freitagabend nichts Besonderes erwartet. Ich war alleine zu Hause geblieben und saß auf meinem Balkon. Unten auf der Straße zog zum wiederholten Mal ein *bloco* vorbei, einer jener Straßenumzüge, die zu Hunderten in den Wochen vor Karneval ganz Rio de Janeiro lahmlegen. Die Menschen unten trommelten und sangen. Manche trugen Perücken, unter denen sie bei über 30 Grad bestimmt ganz schön schwitzten. Ich sah ein paar Männer, die in Frauenkleidern rumliefen, und Frauen, die sich wild geschminkt hatten. Alle zogen jubelnd hinter einem Lastwagen her, auf dem eine kleine Sambaband spielte. Die riesigen Lautsprecher sorgten dafür, dass die ganze Gegend es mitbekam. Selbst auf meinem Balkon im elften Stock war es noch unglaublich laut. So ging das an vielen Abenden vor Karneval und meist bis spät in die Nacht.

Ich hatte keine Lust, alleine runterzugehen. Sophia war nicht da, sondern mit ihrer brasilianischen Großfamilie unterwegs. Mit den Eltern aus São Paulo, die gerade die Verwandtschaft in Rio besuchten, sowie Tanten, Onkeln und Cousinen wollte sie in der Nordzone essen gehen. Wir hatten schon öfter darüber gesprochen, wie und wann ich sie kennenlernen sollte, doch bislang war es nicht dazu gekommen. Cristiano,

Sophias Vater, kannte ich aus dem Fernsehen. Vania, ihre Mutter, nur aus den Beschreibungen der Tochter. Eine Frau, die weiß, was sie will, so hatte Sophia sie einmal charakterisiert. Vermutlich wusste sie auch genau, was sie für ihre Tochter wollte, dachte ich mir. Sie war Psychiaterin und behandelte vor allem reiche und frustrierte Geschäftsleute in São Paulo. Innerlich rüstete ich mich bereits für eine Expressanalyse bei der ersten Begegnung. Ein Starjournalist und eine Seelenklempnerin. Ich hatte Angst.

Auch der Rest der Großfamilie schien furchteinflößend. Immer wieder erzählte Sophia mir, dass sie beim gemeinsamen Abendessen oft nur durch lautes Schreien und wildes Gestikulieren am Tischgespräch teilnehmen konnte. Und wie einmal eine Cousine dem Freund einer anderen Cousine spontan die Gabel, die neben ihrem Teller lag, vor die Nase hielt, um in einer hitzigen Diskussion ihre Argumentation eindrucksvoll zu unterstreichen. Aus all diesen Gründen hatten Sophia und ich entschieden, dass ich ihre Familie fein dosiert, nacheinander und auf keinen Fall alle gemeinsam kennenlernen sollte.

Doch plötzlich bekam ich von Sophia eine SMS.

»Hey, alle sind jetzt ganz verrückt danach, dich zu sehen. Falls du kannst, würde ich mich sehr freuen, wenn du uns mit deiner Anwesenheit beehrst ...«

Hmm. Diese SMS war eine Falle. Sie klang nett, aber zugleich definitiv. Kein Widerspruch möglich, daran änderte auch der zwinkernde Smiley am Ende nichts. Sophia hatte sich spontan und ohne Rücksprache anders entschieden. Der Druck der Familie war offenbar zu groß geworden. Ich wusste sofort, dass ich aus dieser Nummer nicht mehr rauskam. Ich schrieb mit mehreren Ausrufezeichen und Augenzwinkern zurück, dass ich natürlich sofort kommen würde, und fragte nach der Adresse.

Sophia gab mir mahnende Worte mit auf den Weg: »Und bitte denk dran, das viele meiner Familienmitglieder, die hier sind, heute zum ersten Mal unsere Geschichte gehört haben.«

»Verstehe«, simste ich zurück. Obwohl ich gar nichts verstand. »Wie viele aus deiner Großfamilie sind denn da? Dreißig? Vierzig? Und was heißt denn, dran denken?!? Irgendwelche Empfehlungen?« Ich merkte selbst, dass ich ziemlich panisch klang.

»Nein, nein, sei einfach nur du selbst, dezent. Sind zu neunt.«

»Was heißt dezent??«

»Einfach entspannt.« War ich das etwa nicht?

Nächstes Problem: Was sollte ich anziehen? Ich entschied mich für ein unaufgeregtes Outfit mit schwarzem Polohemd, Jeans und Havaianas, um meine Verbundenheit zur brasilianischen Schlappenkultur zu unterstreichen. Ich fuhr mit dem Aufzug nach unten, trat auf die Straße und winkte einem Taxi. Setzte mich auf die Rückbank und schrieb Sophia eine weitere SMS: »Bin jetzt im Taxi.«

Sie antwortete: »Schneller!«

Doch es war, wie gesagt, der Freitagabend vor Karneval. Da ging in Rio nichts schneller, sondern alles langsamer. Schließlich näherte man sich dem Höhepunkt des ganzen Jahres, der großen Parade. Viele Brasilianer sehen das so.

»Ich muss einen anderen Weg nehmen«, sagte der Taxifahrer. »In der Nähe des Sambodroms sind alle Straßen gesperrt.«

»Dort finden gerade die Proben statt, oder?«

»Genau.«

Ich schaute aus dem Fenster auf die Häuserfassaden, die an uns vorbeizogen. Autos drängelten sich vor und neben uns durch den Verkehr. Menschenmassen säumten die Straßen. Es war heiß, Rio de Janeiro vibrierte. Im Rückspiegel sah ich das Gesicht des Taxifahrers. Ein fülliger Mann mit dunklem Vollbart.

»Ich bin gerade auf dem Weg, die Familie meiner brasilianischen Freundin kennenzulernen. Hast du irgendwelche Ratschläge für mich?« Ich war offenbar in Plauderlaune. Aus Nervosität?

Der Taxifahrer sah mich an und überlegte. Dann sagte er: »Nein.«

»Wieso das nicht?«

»Weil es kein Problem ist. Wir haben Karneval, da ist alles viel unkomplizierter. Alle sind gut drauf, alle feiern. Das wird bestimmt ganz einfach, alle werden nett zu dir sein.«

»Na, dann ist es ja gut.«

Wir fuhren weiter. Es ging in die Nordzone, die ich nur wenig kannte, in den Stadtteil Grajaú. Ich merkte, wie mich der Taxifahrer durch den Rückspiegel beobachtete. Schließlich ergriff er wieder das Wort:

»Weißt du was, ich mach jetzt mal die Klimaanlage an. Damit du nicht so verschwitzt ankommst!«

»Ja, danke«, sagte ich, »gute Idee.«

»Kein Problem. Woher kommst du eigentlich?«

»Aus Deutschland. Aber ich lebe in Rio de Janeiro.«

»Verstehe. Trotzdem. Sie werden dich mit offenen Armen empfangen. Wir Brasilianer sind halt so.«

Und dann erzählte er mir von einer seiner Exfreundinnen, die ihn einmal zu einer Geburtstagsparty ihrer Freundin eingeladen hatte. Als er ankam, stellte sich heraus, dass es in Wirklichkeit ihre eigene Party war. Zu Hause bei ihren Eltern. Und dass er völlig unvorbereitet die ganze Familie kennenlernte. Er sei jetzt natürlich mit einer anderen Frau verheiratet, versicherte er mir. Und ich könne nur froh sein, dass ich zumindest wisse, was mich heute Abend erwartete. Wusste ich das? Eine Weile schwiegen wir wieder und fuhren durch die Nacht.

»Hast du Angst?«, fragte mich der Taxifahrer plötzlich.

»Hmm. Vielleicht ein bisschen. Na ja, eigentlich nicht. Oder doch, zumindest ein wenig aufgeregt bin ich.«

»Du bist aus Deutschland! Ihr seid immer so kühl, so kontrolliert.«

»Äh, ja, stimmt. Also. Nein, eigentlich. Na ja.«

»Also, das wird schon. Wir sind gleich da.« Er zeigte auf sein Navi, wir waren inzwischen eine gute halbe Stunde unterwegs. »Schau, an der nächsten Ecke ist es. Das Restaurant ist sehr bekannt in der Gegend, sehr beliebt.«

Ich zahlte und öffnete die Tür. »Und pass auf, dass sie dich nicht verprügeln«, riet er mir zum Abschied.

»Sehr witzig«, lachte ich und schüttelte ihm die Hand.

»Viel Glück.«

Das Restaurant war voll, brechend voll. Überall auf dem breiten Bürgersteig Tische, Stühle und Menschen. Kellner wuselten herum mit großen Tabletts. Darauf zumeist große Bierflaschen oder *pastéis,* frittierte gefüllte Teigtaschen. Es war laut, doch das spielte hier keine Rolle. Niemand käme wie in Deutschland auf die Idee, die Gäste abends um zehn aus den Gärten und von den Terrassen der Restaurants zu verbannen. Schon von Weitem entdeckte ich Sophia. Unsere Blicke trafen sich, sie lächelte mich an und stand auf. Kam auf mich zu, begrüßte mich mit einem schnellen Kuss und zog mich an den Tisch.

»Das ist Andreas«, sagte sie nicht sonderlich feierlich in die Runde.

Und neun Augenpaare starrten mich neugierig an. Dann ging es reihum. Die Männer begrüßten mich mit prüfendem Blick, festem Handschlag und dem obligatorischen Schulterklopfen. Die Frauen mit Küsschen links und Küsschen rechts. Alle sprachen mich sofort mit meinem Vornamen an. Ich meinerseits versuchte verzweifelt, mir all ihre Namen zu merken, was mir erwartungsgemäß misslang.

Sophias Mutter kam um den Tisch herum, um mich zu begrüßen: »Freut mich sehr, dich kennenzulernen«, sagte sie lächelnd. Sophias Vater schüttelte mir die Hand und sagte knapp auf Deutsch: »Herzlich willkommen.«

Ich setzte mich neben Sophia. Unter dem Tisch hielten wir uns kurz an den Händen. Wir schauten uns an. »Schon irgendwie aufregend«, flüsterte ich leise. »Ja«, antwortete sie bloß.

»Ist ein bisschen wie in einer Telenovela«, sagte ich

in die Runde. Ein paar lachten, der Rest schien anderweitig ins Gespräch vertieft. Ich war darauf vorbereitet gewesen, wie auf dem Präsentierteller zu sitzen und mit Fragen bombardiert zu werden. Was ich so machte, woher ich käme und wie es mir in Rio gefiel? Aber das Interesse an mir hielt sich sehr in Grenzen. Nichts geschah. Die Großfamilie war sich selbst genug und ignorierte mich weitgehend. Daher bestellte ich mir erst mal ein Bier.

Rechts neben mir saß Daniela, eine von Sophias Cousinen. Die mit der Gabel. Weil bereits abgeräumt war, hatte sie diesmal keine griffbereit. Sie mochte Anfang dreißig sein und arbeitete bei einer Bank. Jetzt unterhielt sie sich lautstark mit Vania und Sophia. Da ich genau zwischen den beiden saß, hörte ich zwangsläufig zu, nickte übertrieben und warf zwischendurch mal ein »Ach was?« oder ein »Wirklich?« ein. Alles andere wäre in Brasilien unhöflich gewesen. Außerdem war ich hinreichend beschäftigt, mich über Sophia zu wundern. Sie war völlig anders als sonst, sprach doppelt so schnell und dreimal so laut. Ihre Hände fuchtelten wild umher.

Ihren Vater Cristiano, einen großen, breitschultrigen Mann mit grauen Haaren, hatte ich in den Nachrichten immer nur in Anzug und Krawatte gesehen. Jetzt saß er ein paar Plätze neben mir in weißen Khakis und blauem Hemd, das locker über seinen Hosenbund fiel. Schweigend musterte er mich eine Weile, dann sagte er: »Ich weiß genau, wie du dich fühlst.«

Einen Augenblick lang dachte ich, er meinte die momentane Situation. Ich, der neue Freund seiner Tochter. Er, der kritische, besorgte Vater. Was sollte ich darauf antworten? Aber er kam mir zuvor, und ich kapierte, dass er auf etwas ganz anderes abzielte:

»Als Korrespondent im Ausland. Das ist das Beste. Ich weiß genau, wie du dich fühlst.« Ich nickte und merkte, wie Sophia ihrer Mutter einen kurzen Blick zuwarf. Beide wussten wohl, was folgen würde. Er redete weiter und geriet ins Schwärmen: »Jeden Tag eine neue Story. Jeden Tag lernst du das Land ein wenig besser kennen. Jeden Tag triffst du interessante Leute. Die vielen Reisen. Und Rio de Janeiro. Es ist eine gute Zeit, jetzt in Brasilien zu sein.«

»Absolut«, antwortete ich und schwärmte ein bisschen mit. »Die Fußballweltmeisterschaft, die Olympischen Spiele, die wirtschaftliche Entwicklung.«

Cristiano nahm das zum Anlass, nun seinerseits zu berichten, dass auch er zur richtigen Zeit am richtigen Ort gewesen sei als Korrespondent. Damals in Deutschland Ende der Achtzigerjahre. Er erlebte die Wende mit, den Mauerfall und die Wiedervereinigung. Danach schickte seine Zeitung ihn monatelang nach Russland, und er reiste durch ganz Osteuropa. Aber zwischendurch immer wieder Deutschland.

»Es war meine beste Zeit«, betonte er. »Jetzt sitze ich nur noch im Nachrichtenstudio und komme kaum raus.« Sophia und ihre Mutter schauten sich erneut an. Sie hatten das offenbar schon öfter gehört.

»Ich finde Deutschland großartig«, fuhr Cristiano fort. »Alles funktioniert, alles ist gut geregelt. Ich habe auch das ZDF in Mainz besichtigt. Wir bekamen eine kleine Führung durch den Sender, durch die Nachrichtenredaktion. Weißt du, was mich am meisten beeindruckt hat?«

»Was?«

»Ihr seid auf alles vorbereitet. Wenn jemand stirbt, meine ich. Ein Prominenter oder ein wichtiger Politiker. Ihr habt seinen Nachruf schon fertig.«

»Äh, stimmt schon. Kann man so sagen«, antwortete ich zögernd.

»Genau. Also wenn Angela Merkel plötzlich umfällt«, sagte er begeistert in die Runde, »dann zieht man, zack, einen Nachruf hervor und sendet ihn sofort. Hunderte von Nachrufen liegen da bereit. Stimmt's? Welche hast du schon in Brasilien gemacht?«

Eigentlich sprach man über dieses Thema nicht so gerne, obwohl es natürlich den Tatsachen entsprach. Erst kürzlich ging es darum, einen Nachruf für Oscar Niemeyer vorzubereiten, den legendären brasilianischen Architekten, der immerhin schon über hundert ist. Wir hatten dazu einen Architekturhistoriker vor Niemeyers berühmten Museumsbau in Niterói gestellt und mussten ihn leider bitten, in der Vergangenheit von Niemeyer zu sprechen. Erst war er irritiert, machte dann aber mit.

»Also, Oscar Niemeyer haben wir vorbereitet. In zwei Längen. Einmal eine Minute dreißig, einmal zwei Minuten dreißig«, sagte ich. Die Runde schaute interessiert.

»Und wen noch?«, fragte ein Onkel von Sophia.

»Na ja, also Gabriel García Marquez ist auch fertig, der ist immerhin Mitte achtzig. Und Hugo Chávez, weil er an Krebs erkrankt ist.«

»Seht ihr, hab ich's nicht gesagt? Die Deutschen sind auf alles vorbereitet«, triumphierte Cristiano. »Sonst noch Brasilianer auf der Liste?«

»Lula vielleicht, doch der ist ja kein Präsident mehr. Und wenn ich mal wieder Zeit habe, setze ich mich an einen Nachruf für Pelé.«

Die Runde verstummte. Alle sahen sich konsterniert an. Die Begeisterung für deutsche Effizienz ebbte sichtlich ab. Pelé? Dass der Fußballgott sterben könnte, daran wollte hier niemand denken.

Sophia hatte die ganze Zeit wenig gesagt. Sie fand es offenbar gut, dass ihr Vater und ich ein gemeinsames Thema hatten, und ließ uns reden. Vania, ihre Mutter, lächelte mir immer wieder vom anderen Ende des Tisches aufmunternd zu. Als wir auf sprachliche Missverständnisse zu sprechen kamen, mischte sie sich ein und gab eine Geschichte aus ihrer Bonner Zeit zum Besten. Sie brauchten zu Hause eine Bohrmaschine, und da ihr Mann verreist war, musste Vania alleine in den Baumarkt gehen. Ihr Deutsch war damals noch sehr lückenhaft.

Sie sagte also zu dem Verkäufer: »Ich hätte gerne einen Hubschrauber.«

»Warum zum Teufel brauchen Sie einen Hubschrauber?«, fragte der amüsiert.

»Um Regale aufzuhängen.«

»Mit einem Hubschrauber?«

»Genau.«

Irgendwann zeigte sie dem Mann, was sie wollte, und jetzt wurde klar, dass sie einfach die Vokabeln für Hubschrauber und Bohrmaschine verwechselt hatte. Die ganze Familie lachte. Ich auch, doch waren mir anfangs mit dem Portugiesischen ähnliche Schnitzer unterlaufen. Einmal, ich hatte gerade die Vokabeln für

225

alle möglichen Früchte gelernt und wollte ganz souverän einen frischen Erdbeersaft bestellen – und orderte stattdessen einen »Hühnchensaft«. Der Kellner war ratlos, und ich verstand überhaupt nicht, warum. Nach langem Hin und Her nahm ich die Karte, fuhr mit meinem Zeigefinger die Liste der Fruchtsäfte herunter und landete bei *morango*. Das wäre richtig gewesen. Ich aber hatte *frango* (Hühnchen) bestellt. Mit der Geschichte hatte ich zum ersten Mal alle Lacher am Tisch auf meiner Seite.

Plötzlich fiel mir ein, dass ich Cristiano fragen könnte, ob das Innere der Christusstatue begehbar war. Er kannte sich mit so etwas sicher aus.

»Ich glaube schon«, sagte er. »Ein Kollege von mir durfte schon mal hinein. Es ist aber ziemlich schwierig, dafür eine Genehmigung zu bekommen.«

»Wer kann denn die Genehmigung erteilen?«, fragte ich hochinteressiert.

»Der Cristo steht unter der Verwaltung des Bistums. Du musst die katholische Kirche fragen.«

»Und man kann da so richtig hochklettern und hinausschauen?«

»Meines Wissens schon.«

»Demnächst feiert die Christusstatue ein Jubliäum. Da werden wir verschiedene Interviews machen, vielleicht ergibt sich dann etwas.«

»Viel Glück.«

Auf jeden Fall hatte ich jetzt einen Plan.

Irgendwann klingelte das Handy von Vania. Als sie auf das Display schaute, wurde ihr Gesicht ernst, sie stand auf und nahm den Anruf entgegen. Es war offenbar einer der Patienten, die bei ihr in psychiatrischer Behandlung waren. Sie meldeten sich manchmal auch spätabends oder am Wochenende. Die Runde am Tisch kannte das bereits. Plötzlich riefen alle laut und vergnügt: »Spring nicht, spring nicht!« In der Tat hatten schon Patienten kurz vor einem geplanten Selbstmord angerufen. »Spring nicht, spring nicht«, johlte die Runde.

Vania lächelte gequält, machte eine abwehrende Handbewegung und entfernte sich ein paar Schritte vom Tisch, um ungestört mit ihrem Patienten sprechen zu können. In diesem Moment rief Daniela, die Cousine mit der Gabel, ihr nach: »Oder sag ihm einfach, spring, spring, dann bist du schneller fertig!«

Der Abend ging zu Ende, wir ließen die Rechnung bringen. Jeder wollte mehr bezahlen als den eigenen Anteil und mindestens das Familienmitglied neben sich einladen. Geldscheine wurden in die Mitte geworfen und empört zurückgegeben, bis man sich irgendwann einigte. Cristiano zählte das Geld und übergab die Scheine dem Kellner. Alle verabschiedeten sich voneinander, was insgesamt ungefähr eine gute halbe Stunde dauerte. Küsschen, Umarmungen, Schulterklopfen. Ein älterer Onkel, der am anderen Ende des Tisches gesessen hatte, zog mich zur Seite. Wir hatten bisher keine Möglichkeit gehabt, miteinander zu sprechen. Jetzt schüttelte er mir zum Abschied die Hand und sagte freundlich, aber bestimmt: »Du musst wissen, dass Sophia für unsere Familie ein wertvoller Schatz ist.«

Das klang wie im Film. Wie die Drohung eines Mafiabosses. Ich schaute ihn misstrauisch an. Die scharfen Konturen seines Gesichts, den klaren, harten Blick, die weißen Haare. Er hätte der Mafiaboss selbst sein können. Oder zumindest der Schauspieler, der ihn verkörperte.

»Ja«, sagte ich, »ist doch klar, das glaube ich sofort.«

Er blickte mich an, lächelte und drückte meine Hand noch ein wenig fester. Ich weiß nicht mehr, ob er mir auch auf die Schulter klopfte, denn das wäre wenigstens ein gutes Zeichen gewesen. So aber schossen mir tausend Gedanken durch den Kopf. Was meinte er genau? Warum sagte er so etwas? Handelte es sich um eine verschlüsselte Botschaft? Fand er mich gut oder komplett inakzeptabel? Drohte er mir? Sprach er für sich alleine oder für die ganze Familie?

»Lief doch ganz gut«, sagte ich eher fragend zu Sophia, als wir im Taxi saßen und zu mir nach Hause fuhren.

»Finde ich auch«, sagte sie und lachte. »Du warst tapfer.«

»Sind nett, deine Verwandten. Vor allem deine Eltern natürlich. Und dein Onkel, der hat mir gesagt, was für ein wertvoller Schatz du für die Familie seist.«

»Soso.«

»Ja, klang beinahe wie eine Drohung.«

»Na, dann pass mal gut auf diesen wertvollen Familienschatz auf.«

Jeitinho im Sambodrom

»Du, Andreas, wir haben ein Problem.« In Brasilien eigentlich nichts Ungewöhnliches. Denn das ganze Land beschäftigte sich im Grunde tagtäglich damit, Probleme zu verursachen. Und zu lösen. Davon lebten ganze Geschäftszweige. Doch wenn mein Producer Claus mitten in einer nächtlichen Liveproduktion mit einem Problem ankam, musste es etwas wirklich Ernstes sein.

Wir standen in der sogenannten *concentração,* dem Backstagebereich des Sambodroms von Rio de Janeiro. Es war Sonntag, der Abend der großen Parade, und die Mitglieder der Sambaschulen machten sich hier für ihren großen Auftritt fertig. Ich wusste gar nicht, wo ich hingucken sollte. Nervöse Schönheiten überall, die ihre knappen Kostüme zurechtzupften. Nicht mehr lange und sie würden in den tribünengesäumten Parcours einbiegen und an frenetisch jubelnden Zuschauern vorbeidefilieren. Eine einzige Sambaschule konnte durchaus ein paar Tausend Mitglieder aufbieten, die in verschiedenen Gruppen durch die Nacht marschierten.

Doch noch war es nicht so weit, noch wuselte alles herum. Aufgeregte Ordner halfen beim Rangieren der riesigen, bunt geschmückten Wagen, an denen letzte Korrekturen vorgenommen wurden. Die Trommler der einzelnen *baterias,* der Rhythmusgruppen, spielten sich schon mal warm und hämmerten auf ihren Instrumenten. Bunte Kostüme wirbelten probeweise im Kreis. Und immer wenn die nächste Sambaschule einzog, gab es ein Feuerwerk direkt über uns, sodass man sein eigenes Wort nicht verstand.

Es war heiß und schwül, überall halb nackte Sambaköniginnen, die für die Kameras vorab ein paar Tanzschritte zum Besten gaben. Oder sich von ihren männlichen Betreuern das Dekolleté, die Arme, Schultern und Beine bis hoch zum Hintern mit Öl einreiben ließen, damit sie später sinnlich glänzten. Manch einer beneidete diese Männer glühend. Die *Bild*-Zeitung hatte am Tag zuvor so ein Foto abgedruckt mit der Überschrift: »Das ist der beste Job der Welt.« Es zeigte einen Mann, dessen Hände mit professionellem Ernst tief im glitzerbestickten BH einer Tänzerin steckten. Beim ZDF in Deutschland war man davon so beeindruckt, dass Mainz umgehend einen entsprechenden Beitrag anforderte.

Auch deshalb standen wir jetzt direkt neben dem Eingang zum Sambodrom, um Backstageimpressionen einzufangen und den Beginn der Parade zu filmen. Karneval in Rio de Janeiro ist kein putziger Kostümspaziergang wie der Kölner Rosenmontagszug, wie ich bereits bei unserem Dreh der Vorbereitungen gelernt hatte. Hier geht es um etwas, jedes Jahr aufs Neue. Die große Parade der Sambaschulen ist keineswegs nur Ausdruck von Spaß und Leidenschaft, sondern vor allem auch ein ernster Wettbewerb in farbenfroh-sinnlicher Kostümierung. Eine Jury bewertet Auswahl des Themas, kreative Umsetzung, Tanz, Ausdruck und vieles mehr. Die Ermittlung des Siegers, die erst nach Aschermittwoch erfolgt, wird stundenlang live im Fernsehen übertragen. Die Mitglieder der Jury geben einzeln ihre Punktwertungen ab, so ein bisschen wie beim Eurovision Song Contest. Dem Sieger winkt neben der Ehre viel Geld.

Bis um fünf, sechs in der Frühe dauern die Umzüge im Sambodrom, weshalb das ZDF-Morgenmagazin bei uns vier Liveschaltungen bestellte. Durch die Zeitverschiebung von drei Stunden sollte ich mich also jeweils um kurz vor sechs, kurz vor sieben, kurz vor acht und um kurz vor neun deutscher Zeit live aus dem Sambodrom melden und dem morgendlichen Fernsehpublikum im trüben Februardeutschland erklären, was eine Party ist. Gerade war die erste Schalte vorbei, ich hatte erzählt von der unglaublichen Stimmung, vom brasilianischen Lebensgefühl und der schieren Energie des Karnevals, als Claus mit dem Problem ankam: »Die sagen, wir können hier nicht stehen bleiben.«

»Wer sagt das?«

»Der zuständige Kollege von TV Globo.«

Wir standen auf einer Liveposition des brasilianischen Nachrichtensenders Globo News. Wochenlang im Voraus hatten wir Absprachen getroffen, hatten vereinbart, dass wir von hier unsere Schalten machen durften – mit einer Livekamera für mich und einem Livesignal aus dem Sambodrom –, die per Satellit nach Berlin geschickt würden. Die Regie des ZDF-Morgenmagazins konnte dann die Bilder mischen und auf den Sender geben, damit der Zuschauer sowohl mich mit meinem Kommentar sah als auch das Vorbeidefilieren der Parade.

Das Problem bestand nun darin, dass wir zwar eine offizielle Akkreditierung für das Sambodrom besaßen, allerdings offenbar nicht für den Bereich von TV Globo. Ich schaute Claus fragend an, als der zuständige Kollege von TV Globo mit zerknirschtem Gesicht zu uns trat. Es tat ihm offenbar wirklich leid.

»Ich kann leider nichts mehr für euch tun.«

»Aber wir haben doch eine Vereinbarung getroffen«, sagte ich.

»Ja, schon. Nur liegt das nicht mehr in meiner Hand. Der Sicherheitsdienst des Sambodroms hat gesagt, dass ihr nicht in diesem Bereich bleiben könnt. Ihr habt alles mit uns abgesprochen, nur gilt eure Akkreditierung hier nicht.«

Das Problem lag offensichtlich nicht bei den Leuten des Senders. Die Stadionbetreiber waren es, die sich querstellten.

»Wie sollen wir noch unsere drei Liveschalten machen?«, fragte ich ratlos.

»Tut mir echt leid. Die haben euch die erste machen lassen, aber jetzt müsst ihr aus diesem Bereich weg.«

Das hörte sich ziemlich endgültig an. In knapp einer Stunde sollte ich wieder live auf Sendung gehen, nur wie? Der Kollege von Globo News konnte nichts mehr für uns tun, wir mussten also direkt mit dem Sicherheitsdienst sprechen. Ich sah Claus an und wusste: Das war der Moment, in dem wir einen *jeitinho* brauchten.

Der Begriff leitet sich ab vom portugiesischen Wort *jeito:* »Weg« oder »Ausweg«. Ein *jeitinho* ist also ein »Auswegchen«, eine Lösung in einer schier ausweglosen Situation, in der man seinen Kopf so gerade noch aus der Schlinge zieht. In Brasilien gilt das für jede unangenehme Lebenslage: Ärger mit dem Chef, Streit mit der Ehefrau, Probleme mit dem Türsteher, Disput mit dem Verkehrspolizisten. Oder scheinbar unüberbrückbare Differenzen mit einem Sicherheitsmann im Sambodrom von Rio de Janeiro. Alles lässt sich mit einem *jeitinho* irgendwie zurechtbiegen.

Ohne das würde das Land nicht mehr funktionieren, würde paralysiert und träge vor sich hindümpeln, weil alles ewig dauert und sich niemand um nichts kümmert. Erst der *jeitinho* fordert den kreativen Geist des Brasilianers heraus und stachelt ihn an, die eleganteste Problemlösung für einen spezifischen Problemfall zu finden. Etwa um ein Auto zu reparieren: haarscharf an den Werksvorgaben vorbei, nicht TÜV-tauglich, aber unorthodox, effektiv und kostengünstig. Natürlich braucht man neben vertrauensvollem Charme manchmal zudem ein wenig Kleingeld.

Vor allem als diplomatischer Kunstgriff im Kleinformat ist der *jeitinho* unverzichtbar. Er ist lebensnotwendig im Umgang mit Behörden und Amtsträgern. Wenn tausend Regeln in den Abgrund führen, zeigt der *jeitinho* das Licht am Ende des Tunnels. Man muss nämlich wissen: Im Vergleich mit der brasilianischen Bürokratie kommt jede mittelmäßige deutsche Behörde daher wie ein voll automatisiertes Hochgeschwindigkeits-Service-Center.

Ob durch Beziehungen, Versprechungen, Belohnungen oder auch Erpressung – in Brasilien ist noch jedes Problem durch solch ein »Auswegchen« gelöst worden. Der *jeitinho* ist für einen Brasilianer die winzige Oase in der unüberschaubaren Ordnungswüste, die rettende Liane im dichten Vorschriftendschungel, das Lebenselixier im tödlichen Bürokratenalltag, die trickreiche

Ausnahme von der strengen Regel und oft die brasilianischste aller Lösungen, wenn alles andere längst versagt hat.

Für mich als ordnungsliebenden und regeltreuen Gringo war das alles fremd und dennoch eine Herausforderung. In Deutschland bleibt ein Ja fast immer ein Ja und ein Nein fast immer ein Nein. Nahezu alles ist sicher, aber vieles nicht möglich. In Brasilien verhält es sich genau umgekehrt. Und falls es doch mal beim Nein bleibt, kann man es immer noch mit dem *jeitinho* probieren.

Es gibt sogar Leute, die davon leben, nach solchen »Auswegchen« zu suchen. *Despachante* heißt dieses ehrenwerte Gewerbe, das sich großer Nachfrage erfreut und Schlitzohrigkeit zur Profession gemacht hat. Die selbst ernannten Berater pflegen gute Kontakte zu allerlei Ämtern und Behörden und lassen sich diese Beziehungen versilbern. Ein *despachante* ist das Schmiermittel im Getriebe der brasilianischen Behördenmaschinerie. Ohne ihn geht nichts. Zumindest nicht in Problemfällen.

Zu Beginn meiner Zeit in Brasilien nahm auch ich irgendwann die Dienste eines *despachante* in Anspruch. Nachdem nämlich der Schiffscontainer mit meinen Möbeln wochenlang im brasilianischen Zoll festhing, weil ich kein Schmiergeld bezahlt hatte, verspürte ich nur noch wenig Lust, den gradlinigen Gringo zu geben. Und ich sah ein, dass Gesetzestreue nicht unbedingt zum Ziel führt.

Es ging um meine Aufenthaltserlaubnis. Ohne *despachante,* so hatte man mir gesagt, würde diese Prozedur mehrere Wochen meiner kostbaren Lebenszeit beanspruchen. Ich sah mich schon tagelang im Wartezimmer der Bundespolizei sitzen und zusehen, wie alle anderen Antragsteller vorgelassen wurden. Ahnte, dass meine Papiere unter riesigen Stapeln verschwanden und immer weiter nach unten wanderten. Irgendwann würde natürlich mein Antrag bearbeitet werden. Jedoch nur, um ihn mir mit tadelnden Vermerken versehen wieder auszuhändigen. Weil ich maßgebliche Pflichtfelder angeblich unkorrekt ausgefüllt hätte, meine Unterschrift nicht vollständig oder nur bedingt leserlich sei. Und nach erneutem Einreichen meiner Unterlagen ging das Spiel dann womöglich von vorne los.

Um das zu vermeiden, saß ich irgendwann Senhor Jorge gegenüber. Wir trafen uns in einem Restaurant im Zentrum von Rio, das früher einem deutschstämmigen Auswanderer gehört hatte. Hungrige Geschäftsleute kamen hierher für eine zünftige Mittagsmahlzeit. An den gekachelten Wänden hingen alte Schwarz-Weiß-Fotos. Kellner mit weißen Sakkos balancierten volle Teller durch die gut besetzten Tischreihen.

Senhor Jorge begrüßte mich mit förmlicher Höflichkeit. Eigenen Angaben zufolge war er Anfang sechzig, sah aber zehn Jahre jünger aus. Er trug einen beigefarbenen Anzug und ein gestreiftes Hemd mit weißem Kragen. Randlose Brille und frisch geschnittene graue Haare. Kein halbseidener Hallodri also, sondern ein vertrauenswürdig wirkender Geschäftsmann mit der Seriosität eines deutschen Steuerberaters.

»Man muss eben wissen, wie die Dinge hier funktionieren«, sagte er lächelnd und bestellte den Lachs mit Bohnenpüree. Mein Fall war einfach. Ich hatte vom brasilianischen Konsulat in Frankfurt am Main ein Journalistenvisum bekommen und musste mich jetzt bei der zuständigen Behörde, der *polícia federal* in Rio de Janeiro, anmelden, um eine Art Ausländerausweis und damit die Aufenthaltsgenehmigung zu bekommen. Damit es schnell ging, übergab ich Senhor Jorge einfach meine ausgefüllten Formulare, und er würde sich um alles Weitere kümmern. Er vereinbarte für mich einen persönlichen Termin bei dem zuständigen Beamten. Der nahm meine Fingerabdrücke und ließ mich viele Formulare mehrfach unterschreiben, und Senhor Jorge berechnete mir für seine Dienste eine Gebühr.

Er selbst mochte den Ausdruck *despachante* nicht besonders, nannte sich lieber »juristischer Berater«. Schließlich hatte er ein paar Semester Jura studiert und sich danach sehr bald, wie er mir beim Mittagessen erzählte, auf die Beschleunigung behördlicher Vorgänge und die juristische Vereinfachung bürokratischer Prozesse spezialisiert. Immigrationsangelegenheiten, Aufenthaltsgenehmigungen und Arbeitsvisa waren sein Spezialgebiet. Er unterhielt beste Beziehungen zu den Behörden, die zum Teil schon vierzig Jahre zurückreichten. Besonders gut stand er mit den zuständigen Beamten der Bundespolizei in Rio de Janeiro und im Arbeitsministerium in Brasília. Er hatte die Kunst des *jeitinho* zu seinem ausschließlichen Beruf gemacht. Viele ausländische Firmen oder in Brasilien tätige Privatleute nahmen seine Dienste in Anspruch.

»Welche Kunden haben Sie am liebsten?«, fragte ich ihn.

»Europäer«, entgegnete Senhor Jorge ohne Zögern.

»Europäer fragen nicht nach, und sie versuchen nicht, meinen Preis zu drücken. Europäer zahlen einfach und bedanken sich. Am schlimmsten sind die Chilenen, die Paraguayer und die Argentinier. Die fragen mir Löcher in den Bauch und wollen zu viel wissen. Die machen Stress.«

Diskretion war natürlich unerlässlich in seinem Job, aber ich wollte ebenfalls mehr erfahren.

»Sie müssen doch bestimmt dem ein oder anderen Beamten hin und wieder ein Scheinchen zustecken, oder?«

Senhor Jorge lächelte und kaute, zog sich dann diplomatisch aus der Affäre. »Ich überzeuge den zuständigen Beamten jedes Mal lediglich davon, dass es sich in diesem spezifischen Fall um eine bedeutsame und wichtige Person handelt, deren Antrag eine differenzierte Betrachtung erfordert«, sagte er.

Ein Führerschein ohne theoretische Prüfung, ein neuer Pass über Nacht, eine Aufenthaltserlaubnis in Rekordzeit. Senhor Jorge ermöglichte alles. Nur krumme Sachen, die machte er nicht – darauf legte er Wert. Vor Jahrzehnten wollte einmal ein kalabrischer Mafiosi seine Hilfe. »Er hätte mir so viel Geld bezahlt, dass ich bis heute nicht mehr arbeiten müsste«, erzählte er. »Doch ich lehnte ab.«

»Finden Sie nicht auch, dass Brasilien viel zu bürokratisch ist?«, fragte ich ihn.

»Ja«, sagte Senhor Jorge nachdenklich. »Ich lebe zwar von dieser Bürokratie, aber sie stört mich auch. Eines dürfen Sie nur nie vergessen: Die brasilianische Bürokratie besteht aus viel Papierkram – und zugleich aus viel Verständnis.«

Viel Verständnis. Das brauchten wir jetzt im Sambodrom um drei Uhr nachts nach unserer ersten Liveschaltung. Und einen *jeitinho,* den wir allerdings ganz ohne professionelle Hilfe ersinnen mussten. Schon kam ein dicker Sicherheitsmann auf uns zu, um unser Team aus dem abgesperrten Bereich, für den wir keine Akkreditierung hatten, zu verscheuchen.

Jetzt kam der Moment der Wahrheit. Unser Producer Claus, immerhin in Brasilien geboren und aufgewachsen, mit brasilianischem Pass, nahm die Sache in die Hand, ging mit jovialem Gesichtsausdruck dem dicken Sicherheitsmann entgegen. In Deutschland wäre die Sache gelaufen gewesen – in Brasilien fing in diesem Moment das Spiel erst an.

Ich stand etwas abseits und beobachtete, wie Claus loslegte. Den richtigen Ton zu treffen, das konnte den Ausschlag geben. Es schien zu gelingen. Claus palaverte freundlich, witzig, selbstbewusst. Stellte lang und breit erst sich, dann unseren Kameramann Philippe und schließlich mich vor. Erzählte von unseren Vereinbarungen mit TV Globo und dass uns niemand etwas von einer speziellen Akkreditierung für den Backstagebereich gesagt hatte. Wie bedauerlich das sei. Schließlich kämen wir vom wichtigsten deutschen Fernsehsender und würden Millionen deutscher Zuschauer für den brasilianischen Karneval begeistern. Und den Deutschen insgesamt das schöne Brasilien näherbringen.

Er zeigte auf mich und erklärte, dass ich als neuer Korrespondent in Rio das alles zum ersten Mal erlebe. Und sowohl überwältigt als auch begeistert und vor allem tief durchdrungen sei von einer starken Liebe zur brasilianischen Karnevalskultur. Was ihn selbst betreffe, betonte Claus, so habe er seit Eröffnung des Sambodroms kaum eine Parade versäumt und verspüre trotzdem immer wieder aufs Neue eine große Faszination. Und das werde in alle Ewigkeit so bleiben, versicherte er abschließend.

Während Claus' kleiner Ansprache wuchs die Menschentraube um ihn herum. Immer mehr Sicherheitsleute hörten ihm zu, und irgendwann ließ sich sogar der Sicherheitschef blicken, für den Claus die wichtigsten Punkte nochmals wiederholte. Inzwischen redete er seit gut zwanzig Minuten, ich hielt mich weiter im Hintergrund. Als Gringo in Brasilien muss man wissen, wann es besser ist zu schweigen.

Am Ende waren sie alle Brüder. Claus, der Verantwortliche von TV Globo und der Sicherheitschef, der eben noch relativ finster dreingeschaut hatte. Jetzt lagen sie sich in den Armen. Schulterklopfen und wiederholte gegenseitige Respektbezeugungen. Zufriedenes Lachen auf beiden Seiten und komplizenhafte Daumen-hoch-Zeichen. Die kleine Ansammlung löste sich schnell auf. Claus kam zurück, schaute mich an und sagte nur: »*Tudo bem*. Alles klar.«

Der ausgehandelte Kompromiss bestand darin, dass wir zwischen unseren Liveberichten den Backstagebereich verließen und erst zehn Minuten vor einer Schaltung wieder auf unsere Position durften. »Falls ihr irgendein Problem bekommt, wendet euch direkt an mich«, sagte der dicke Sicherheitschef verschwörerisch. Und fügte hinzu: »Und bevor ihr geht, vergesst mich nicht!«

Am Ende, um sechs brasilianischer Zeit, nach allen

vier Liveschalten und nachdem wir unsere Sachen gepackt hatten, gaben wir ihm 100 Reais, umgerechnet
knapp 40 Euro.

In Cristos Kopf

Seit ich in Rio eingetroffen war, wollte mir ein Gedanke nicht mehr aus dem Sinn: Wie ich die Erlaubnis bekam, im Inneren der Christusstatue nach oben zu steigen. Um von den Schultern aus nach draußen zu schauen, weit über Rio. Das musste schlicht überwältigend sein.

Inzwischen war ich fest überzeugt, dass es die Möglichkeit gab, aber Genaueres wusste ich nach wie vor nicht. Monatelang hatte ich alle möglichen Leute danach gefragt. Und auf einem Drehtermin kurz den zuständigen Pater kennengelernt. Und den rief ich jetzt an.

»Padre Omar, erinnern Sie sich, ich bin Andreas vom deutschen Fernsehen. Wir kennen uns von dem Interview. Wie geht es Ihnen?« Einen Pater siezt man.

»Ja, ich erinnere mich. *Tudo bem*, Andreas?«

»Alles klar. Ich hätte da mal eine Frage, Padre«, sagte ich und erläuterte ihm mein Anliegen.

»Verstehe, Andreas. Machen Sie einen Termin mit meinem Büro aus, dann kommen Sie vorbei, und wir reden darüber.«

Die Büros des Erzbistums Rio de Janeiro liegen im Stadtteil Glória. Padre Omar, rundlich und mit einem sonnigen Gemüt gesegnet, begrüßte mich jovial. In seinen Zuständigkeitsbereich als Priester fällt der Cristo Redentor, der nicht nur ein spektakulärer Aussichtspunkt, sondern auch ein offizieller Wallfahrtsort ist. Auf der Rückseite der Statue, quasi unterhalb von Christi Fersen, befindet sich im Sockel der Eingang zu einer kleinen Kapelle, in der Padre Omar fast jeden Tag Gottesdienste zelebriert, manchmal auch Taufen und Hochzeiten. Und es kann vorkommen, dass er im vollen Ornat über die Aussichtsplattform läuft und die Touristen segnet. Durchaus möglich, dass Padre Omar gleich nach dem Cristo Redentor der meistfotografierte Mann in Rio de Janeiro ist.

Und ein echter Carioca. Das merkte ich spätestens, als ich in seinem Büro ankam und trotz Termin erst mal warten musste. Richtig lange. Im Vorzimmer saß ein junger Sekretär, Typ Bodybuilder, der sich vor allem mit seiner Facebook-Seite beschäftigte. Die ganze Zeit über kamen Leute herein und wollten etwas von ihm. Ständig klingelte das Telefon. Der Sekretär versuchte so viele wie möglich abzuwimmeln. Wie lange es denn noch dauern würde mit Padre Omar, fragte ich nach einer halben Stunde. Er schaute vom Computer auf. Ich müsse leider noch ein bisschen warten, Padre Omar habe heute viele Termine. Er bot mir ein Wasser an. Ich wartete. Nach eineinhalb Stunden hatte der Pater endlich Zeit für mich.

Strahlend empfing er mich hinter seinem Schreibtisch.

»Hallo, Andreas, wie geht es Ihnen?«

»Sehr gut, Padre Omar. Und Ihnen?«

»Bestens. Was kann ich für Sie tun?«

Auf seinem Schreibtisch standen mehrere Cristo-Figuren im Kleinformat. In einer edlen Holzschatulle entdeckte ich eine Art Trophäe aus Plexiglas: die Auszeichnung des Cristo Redentor als eines der neuen sieben Weltwunder. Padre Omar lehnte sich zurück und hörte mir zu. Ob es stimme, dass man im Inneren der Christusstatue bis zur Schulter hochklettern und herausschauen könne? Um dem Cristo quasi über die Schulter zu gucken? Das würde ich unglaublich gerne einmal machen. Und darüber schreiben.

»Sie schreiben ein Buch?«

»Ja. Über Rio und über meine Erfahrungen als Gringo mit den Cariocas.«

»Und: Wie sind Ihre Erfahrungen so?«

»Könnten nicht besser sein«, sagte ich.

Darüber freute sich Padre Omar außerordentlich: »Wie schön! Ja, wir sind einfach sehr freundlich. Der Carioca ist offen und hilfsbereit, er geht auf die Menschen zu. Und in den vergangenen Jahren hat sich zudem viel verändert in Rio. Früher waren die Leute hier sehr unzuverlässig, doch das können wir uns nicht mehr leisten. Die Welt schaut auf Rio de Janeiro – wegen der Fußballweltmeisterschaft und der Olympischen Spiele. Da müssen wir uns schon ein bisschen anstrengen. Und dieses Umdenken hat zum Glück begonnen.«

»Ja, das stimmt«, sagte ich und verkniff mir den Kommentar, dass er mich gerade wenig zuverlässig eineinhalb Stunden hatte warten lassen.

»Und der Cristo«, sagte Padre Omar, »er symbolisiert diese Offenheit der Cariocas. Er steht über der Stadt, schaut auf Rio und öffnet seine Arme. Diese Geste bedeutet ein herzliches Willkommen. Er will die Menschen mit offenen Armen empfangen. Das sollten wir alle tun, jeder Einzelne von uns.«

»Waren Sie schon in der Statue?«

»Ja, natürlich.«

»Und?«

»Man spürt etwas Besonderes da oben.«

»Und man kann wirklich aus der Schulter rausschauen?«

»Ja, aber nicht nur dort. Es gibt insgesamt fünf Öff-
nungen. Zwei auf den Schultern, zwei auf den Oberar-
men und eine im Kopf.«

»Man kann aus dem Kopf rausschauen?«

»Ja.«

»Das muss wahnsinnig beeindruckend sein.«

»Das ist es wirklich. Sie werden etwas Besonderes
spüren. Eine Emotionalität oder auch eine Spiritualität.«

Er nahm eine kleine Statue in die Hand und zeigte
auf den Kopf. »Sehen Sie, der Cristo hält seinen Kopf
ein wenig geneigt. Er blickt auf das wunderschöne Rio
de Janeiro. Und wenn Sie da oben stehen und aus seinem Kopf herausschauen, werden Sie genau das sehen,
was der Cristo sieht.«

Padre Omar erteilte mir seine Genehmigung. Ich
wusste das zu schätzen, denn die bekam nicht jeder.
Er nahm sein iPhone, dessen Display halb zersplittert
war, und wählte eine Nummer: »Hey, Leo, *beleza*, wie
geht's, hier spricht Padre Omar.« *Beleza*, »Schönheit«,
cariocamäßiger konnte man ein Telefonat nicht beginnen, lockerer ging's nicht. »Ich hab hier einen deutschen Journalisten sitzen. Andreas heißt er. Er will in
die Statue. Von mir aus geht das klar. Er wird dich anrufen, ihr macht einen Termin aus, dann holst du die
Leiter und begleitest ihn, alles klar?«

Dem Cristo Redentor kann man in Rio de Janeiro nicht entfliehen. Er thront über der Stadt auf dem 710 Meter hohen Corcovado-Berg. Von unzähligen Straßenecken aus sieht man ihn. Auch nachts, denn dann erstrahlt er in hellem Licht, manchmal in unterschiedlichen Farben. Wenn ich in Rio de Janeiro bin, sehe ich ihn so gut wie jeden Tag. Spätestens abends auf dem Heimweg, außer der Corcovado hüllt sich gerade in Wolken. Die Statue ist zweifellos nicht nur die beeindruckendste Sehenswürdigkeit Brasiliens, sondern eines der berühmtesten Wahrzeichen weltweit.

Schon lange hatte sich die katholische Kirche in Rio de Janeiro ein religiöses Monument gewünscht. In den Zwanzigerjahren nahm die Idee Form an. Ein brasilianischer Architekt machte die Entwürfe, ein französischer Bildhauer fertigte Kopf und Hände des Christus. Allerdings ist bis heute letztlich umstritten, wer nun genau was gemacht hat. 1931 fand die Einweihung statt, und die Welt staunte: dreißig Meter Stahlbeton auf einem Sockel von acht Metern Höhe, Gesamtgewicht 1145 Tonnen. Ich war bisher vielleicht vier-, fünfmal auf dem Corcovado zu Füßen der Statue gewesen und musste mich jedes Mal durch die Menschenmassen drängeln. Auf der Aussichtsplattform stand man nicht selten Schlange, um einen Platz am Geländer zu ergattern und überhaupt nach unten schauen zu können. An manchen Tagen kommen bis zu 4000 Touristen herauf. Erst mit der Zahnradbahn, die letzten Meter per Rolltreppe. Von Spiritualität ist da wenig zu spüren, trotz des atemberaubenden Ausblicks.

Ein paar Tage nach meinem Termin bei Padre Omar traf ich besagten Leo morgens um halb sieben im Stadtteil Laranjeiras an der Haltestelle der Zahnradbahn. Wir allerdings fuhren im Auto nach oben. Leo, Mitte zwanzig, arbeitet seit sechs Jahren auf dem Corcovado als Wärter. Er ist schwarz, hat einen fast kahl geschorenen Kopf und ein rundes Gesicht. Wenn er lacht, sieht man seine Zahnspange. An diesem Morgen trug er ein ärmelloses buntes Shirt und schwarze Shorts. Einmal im Monat müsse er ins Innere der Statue, um nach dem Rechten zu sehen, erzählte er, als wir im Wagen saßen. Seine Familie sei stolz, dass er auf dem Corcovado arbeitet und auch in die Statue reindarf. Seine Freundin habe er schon mal mitgenommen. Mit Erlaubnis des Paters.

Oben angekommen, stiegen wir die Treppe zur Aussichtsplattform hoch, die um diese Zeit noch menschenleer war. Trotz der frühen Stunde brannte die Sonne schon, doch es wehte ein leichter Wind. Ich ging die paar Stufen hinunter zum vorderen Geländer, von dem aus man den besten Blick auf den Zuckerhut hat. Die Sonne schien mir direkt ins Gesicht. Ein Summen lag über der Stadt. Unter mir begann in Rio gerade der Tag.

»Ich hol mal die Leiter«, sagte Leo.

Ein paar Minuten später lehnten er und ein Kollege eine rote Leiter gegen den schwarzen Sockel und fuhren sie aus, damit wir überhaupt hochkamen. Bei Regen oder auch nur bei starkem Wind konnte man das vergessen. Leo kletterte zuerst und befestigte die Leiter oben mit einem Seil. Dann folgte ich, konzentrierte mich auf jeden Schritt. Acht Meter können ganz schön hoch sein. Als ich fast oben war, streckte mir Leo die

Hand entgegen und zog mich hoch. Wir befanden uns seitlich der Statue. Ich machte ein paar Schritte nach vorne und sah Christi Füße. Sein großer Zeh hat ungefähr die Größe eines Autoreifens.

Zurück an der Seite gelangten wir durch eine niedrige, schulterbreite Türklappe, die mit einem Vorhängeschloss gesichert war, ins Innere der Statue. Und standen in einer Art Treppenhaus. »Es sind zehn Stockwerke«, sagte Leo. Zwischen schweren Pfeilern und Stützen aus grauem Beton führte eine steile, eiserne Treppe nach oben: mit schmalen Stufen und einem rohrartigen Geländer. Wir nahmen den Aufstieg in Angriff. Lampen spendeten ein fahles Licht.

Auf dem neunten Stockwerk angelangt, deutete Leo auf die Vorderwand neben uns. Ein steinernes Herz. Das Herz des Cristo Redentor. Man sieht es von außen, wenn man genau hinschaut, doch dass es auch innen angelegt ist, hatte ich nicht gewusst. Noch ein Stockwerk höher und Leo zeigte zur Seite in eine Art Gang: »Das hier ist der rechte Arm.« Jetzt mussten wir uns bücken und robbten ein paar Meter weiter. Meine Hände berührten den Boden, überall grauer Staub. Cristo-Staub. Richtung Hand wurde es immer dunkler. Bis Leo den Griff an einer kleinen, dennoch sehr schweren Betonplatte fand, diese mit einiger Anstrengung nach oben drückte und heraushob. Er hatte Übung darin.

Grelles Licht strömte durch die viereckige Öffnung, die etwa sechzig mal sechzig Zentimeter groß war. Leo legte die Betonplatte auf dem Boden ab und winkte mich zu sich. Ich robbte ein Stück weiter nach vorne, richtete mich auf und schob meinen Oberkörper ins Freie. Und plötzlich konnte ich dem Christus über die

Schulter schauen. Ich legte meine Arme auf die Außenhaut der Statue, die viele kleine Dreiecke aus Speckstein bedeckten. Links, direkt neben mir, der Kopf, der mir plötzlich riesig vorkam. Und sein Kinn wirkte aus der Nähe sehr spitz.

»Du kannst dich ruhig hochsetzen«, ermunterte Leo mich.

Ich zögerte, bevor ich mich durch die Öffnung stemmte und mich auf den Rand setzte. Zwar hielt ich mich an einem dicken Draht fest und hatte mit den Füßen einigermaßen sicheren Halt. Doch ein bisschen Höhenangst empfand ich schon auf der Schulter des Christus.

Ich blickte hinüber zu seiner Hand, die noch einige Meter von mir entfernt war. Darunter der Strand von Ipanema. Etwas weiter vorne Copacabana und der Zuckerhut. Plötzlich öffnete sich ein paar Meter weiter Cristos Oberarm, und Leo schaute lachend heraus. Seine Zahnspange blitzte. Wir schauten andächtig auf die Stadt, und nach ein paar Minuten tauschten wir die Positionen. Im Oberarm stand man nur bis zur Hüfte drinnen, was mir ein noch mulmigeres Gefühl verursachte, als in der Schulteröffnung zu sitzen. Trotzdem ein unglaublicher Moment. Was allerdings danach kam, stellte alles andere in den Schatten.

»Willst du auch in den Kopf?«, fragte Leo.

»Ja, klar«, sagte ich.

Weiter nach oben war bloß Platz für eine Person. Leo stieg voraus und öffnete die Platte. Als er wieder unten war, kam ich dran. Ich zwängte mich auf allen vieren unter einer Betonstrebe durch und kletterte eine Eisenleiter nach oben. Dann hatte ich es geschafft, von oben fiel schon Licht herein. Ich musste mich mit beiden Armen hochziehen – meinem Klimmzugtraining sei Dank –, bevor ich mich durch die kreisrunde Öffnung schieben konnte. Das Loch war gerade groß genug, dass die Schultern durchpassten. Und plötzlich ragte ich mit meinem Oberkörper aus dem Kopf des Cristo heraus.

Ich spürte die Sonnenstrahlen im Gesicht, die leichte Brise vom Meer. Lehnte meine Arme auf den Rand der Öffnung, fühlte die Rundungen des Kopfes, schaute nach unten und ließ den Blick auf mich wirken. Ich sah, was der Cristo sah. Rio im Morgenlicht. Die Strände, die Felsen, das Meer. Ein erhabenes Ensemble der Natur. Ich schaute nach rechts, mein Blick wanderte den rechten Arm entlang. Wieder sah ich das weiße Häusermeer von Ipanema. Weiter vorne Copacabana und Leme. Etwas näher Botafogo mit seinem Strand. Den Zuckerhut. Ein paar Favelas an den Hängen. Den Stadtflughafen Santos Dumont, über dem ein Flugzeug zur Landung ansetzte. Die Sonne spiegelte sich auf dem Wasser der Guanabara-Bucht.

Ich schloss kurz die Augen, lauschte auf das Raunen der Stadt. Und trotzdem war es ganz still. Das Wort Harmonie kam mir in den Sinn. Kein Anblick, kein Panorama hat mich je so beeindruckt. Natur in vollendeter Schönheit und einzigartiger Kombination. Ich öffnete meine Augen wieder, streckte meine Arme so aus wie der Christus unter mir. Wie es die vielen Touristen taten, wenn sie sich vor der Statue fotografieren ließen. Ich lächelte. Wie Cristo schwebte ich jetzt über allem. Alleine. 710 Meter über Rio de Janeiro. 38 Meter über der Aussichtsplattform, die noch immer menschenleer war. Ich schaute nach oben in den Himmel, zum Horizont und hinaus aufs Meer. Ich empfand in diesem Augenblick eine Art Glück, eine Ahnung von Unendlichkeit. Und große Dankbarkeit. Dankbarkeit für alles. Vielleicht, dachte ich, war es ja dieser Blick, diese Schönheit, diese Harmonie, was die Cariocas so gelassen machte.

Dann blickte ich nach links, hinüber nach Santa Teresa, zum Zentrum und zum Maracanã-Stadion. Manche in Rio sagen, die Christusfigur schaue nur auf die Reichen in der Südzone und wende den Armen in der Nordzone den Rücken zu. Aber das stimmt nicht, wie ich jetzt erkannte. Hinter ihm liegt nur Urwald, der Floresta da Tijuca. Die Wohngebiete der Nordzone dagegen befinden sich noch im Blick des Cristo Redentor, der auf der linken Seite sogar bis zum Internationalen Flughafen Galeão reicht.

Minutenlang stand ich ganz ruhig im Kopf der Figur, genoss jeden Moment, um das Bild für mich abzuspeichern. Ich konnte mich nicht sattsehen. Doch irgendwann wurde es Zeit zu gehen. Bevor ich hinunterkletterte zurück zu Leo und auf die Ebene der vielen Touristen, die bald ankommen würden, verabschiedete ich mich von diesem Augenblick, den mir niemand mehr nehmen konnte und der von nun an mir gehörte. Mir ganz allein.

Der perfekte Moment

Ein paar Tage später fuhren wir noch schnell an den Strand, bevor die Sonne unterging. Nach Ipanema. Sophia und ich saßen auf einem *canga,* einem der akzeptierten Strandtücher, am *posto* 9 im Sand. Im Sommer versinkt die Sonne hier im Meer, später im Jahr verschiebt sie sich immer weiter nach rechts und verschwindet irgendwann hinter der Favela Vidigal.

Seit meinem Cristo-Erlebnis trug ich etwas in meiner Hosentasche herum, das ich Sophia geben wollte. Wartete bloß auf den richtigen Moment.

An der *barraca* unseres Abschnitts hatten wir uns Wurstsandwiches gekauft und zwei eiskalte Bier. Wir schauten hinaus aufs Meer, beobachteten die Sonne, die wie eine flammend rote Kugel am Horizont schwebte. Wenn man genau hinsah, ahnte man, dass sie sich langsam nach unten bewegte. Der Strand tauchte mehr und mehr ins Abendlicht, der Sand nahm diese besondere Farbe an wie immer um diese Zeit. Er wirkte wie hell gefleckt, weil Millionen winziger Sandhügel kleine Schatten warfen.

Das Licht schien uns dunkel glühend ins Gesicht. Es wehte ein leichter, warmer Wind. Ich fotografierte Sophia mit meinem Handy, sie setzte sich in Positur und strahlte mich an. Ich hielt das Handy vor uns und machte eine Aufnahme von uns beiden. Sophia schmiegte ihren Kopf an meine Schläfe und schaute in die Kamera. Ihr Gesicht leuchtete. Sie trug ein türkisfarbenes Top. Auf dem Foto sehen wir sehr glücklich aus.

»Weißt du, ich war noch nie auf dem Cristo«, sagte sie.

»Wie bitte?«

»Nein, ich war noch nie da oben.«

»Du meinst im Cristo?«

»Das schon gar nicht. Nein, nicht einmal auf dem Corcovado.«

»Das darf ja wohl nicht wahr sein«, lachte ich.

»Ich kenne sogar viele Cariocas, die nie dort waren.«

»Die haben aber ganz schön was verpasst.«

»Ist ja oft so. Man wohnt in einer Stadt und kommt irgendwie nicht dazu, sich alles anzuschauen. Oder warst du in Berlin mal in der Reichstagskuppel?«

»Na klar.«

»Oder in Trier in der Porta Nigra?«

»Auch das.«

»Na gut.« Sophia gab auf.

Die Sonne stand inzwischen so tief, dass sich ihre Glut bereits im Wasser spiegelte. Der Sonnenuntergang in Ipanema ist berühmt. Am östlichen Ende, auf dem Arpoador-Felsen, versammeln sich im Sommer jeden Abend Touristen und Cariocas, Liebespaare und Sonnenanbeter, um dem spektakulären Schauspiel zuzusehen. Auch hier, am *posto 9*, waren wir nicht alleine. Viele Strandbesucher erhoben sich jetzt, denn gleich würde die Sonne ins Meer sinken. Die Zuschauer applaudierten. Sophia und ich klatschten mit. Ein altes Ritual in Ipanema. Jeden Abend wird die Sonne auf diese Weise verabschiedet.

Wir starrten noch eine Weile still aufs Wasser. Sophia stand vor mir, ich hielt sie im Arm. Der Himmel schimmerte sanft rot. Der perfekte Moment war da. Ich griff in meine Hosentasche.

»Ich hab was für dich«, sagte ich.

Ich öffnete meine Hand. Darin lag ein kleines graues Dreieck. Aus Speckstein. Etwa so groß, als würde man eine Streichholzschachtel einmal diagonal durchschneiden.

»Was ist das?«, fragte Sophia.

»Es ist vom Cristo.«

»Wie das?«

»Außen ist die ganze Statue mit kleinen Dreiecken aus Speckstein verziert. Das hier stammt von seiner Stirn.«

»Und du hast es einfach abgemacht?« Sie zwickte mich ganz leicht in die Hüfte.

»Nein. Es war schon locker. Als ich in Cristos Kopf stand, hielt ich mich am Rand der Öffnung mit den Händen fest. Genau an der Kante war dieser Stein locker. Direkt vor mir. Da hab ich ihn für dich mitgenommen.«

»Du bist süß.« Sophia küsste mich.

»Ich liebe dich«, sagte ich.

»Ich liebe dich mehr«, sagte Sophia.

Das Rot am Horizont verblasste. Gleich würden an der Promenade die Lichter angehen. Wir blieben noch ein bisschen stehen. Am Himmel erklang romantische Violinenmusik. Und ich dachte nur: »Besser kann es eigentlich nicht werden. Das ist nun wirklich mein brasilianischster Moment. Von jetzt an geht's bergab.«

Obrigado – **Dankeschön**

Als ich einmal in São Paulo beim Friseur war, kamen wir plötzlich irgendwie auf die Eurokrise zu sprechen. Damals war vor allem Irland in die Schlagzeilen geraten, weil es kurz vor der Pleite stand.

»Wie viele Menschen leben eigentlich in Irland?«, fragte mich der Friseur.

»Vier, fünf Millionen vielleicht«, antwortete ich.

»Was?« Der Friseur war fassungslos. Er lebte in einer Zwöf-Millionen-Metropole. »Und warum regen sich dann alle darüber auf?«

Auch nach Jahren in Brasilien lerne ich noch immer jeden Tag dazu, staune und lache fast täglich. Begegnungen, Gespräche, Missverständnisse. Brasilianer sehen die Welt so anders als wir, aus den unterschiedlichsten Gründen. Und diese sind oft nicht nur hochinteressant, sondern auch äußerst amüsant.

In diesem Buch habe ich aufgeschrieben, was ich jenseits meiner Arbeit, der Berichterstattung als Korrespondent, in diesem riesigen Land Brasilien und dieser faszinierenden Stadt Rio de Janeiro so alles erlebe. Wenn meine Zeilen Sie unterhalten haben, freut mich das sehr. Wenn Sie dabei etwas über Brasilien erfahren haben, was Sie noch nicht wussten, freut mich das umso mehr.

Das allermeiste in diesem Buch ist genauso passiert.

Manches nicht. Ab und zu habe ich etwas hinzugedichtet – und natürlich zugespitzt, wo es nur ging. Trotzdem ist irgendwie alles wahr. Einige Namen habe ich geändert, andere nicht.

Für kreativen Input bedanke ich mich bei Claus Ruegner. Und ein riesiges *obrigado* an all meine Freunde, Bekannte und Kollegen in Rio de Janeiro, die mich in ihr brasilianisches Leben gelassen haben. Besonderen Dank an Tatiana, Ana Paula, Carlos, Vanessa, Daniel, Sylvia, Fernando, Paola, Fernando, Philippe, Rosangela und Antonio.

Danke, dass ihr diesen Gringo so herzlich aufgenommen habt.

Alles, was nicht im Reiseführer steht

ANDREAS WUNN
BRASILIEN
FÜR INSIDER
Nahaufnahme eines Sehnsuchtslandes

HEYNE ‹

978-3-453-20057-9

Karneval und Kriminalität, Fußballzauber und Favelakriege, Sambapartys und Sozialproteste: Brasilien ist das Land der Gegensätze – auf der einen Seite die pure Lebensfreude, bunt, aufregend und sinnlich, auf der anderen unübersichtlich und im Umbruch. Andreas Wunn, Brasilien-Korrespondent des ZDF, reist in Millionenmetropolen und auf Dschungelpfaden, erlebt die 1000 Realitäten Brasiliens und beschreibt das Sehnsuchtsland der Superlative, das viel mehr zu bieten hat als die Summe seiner Klischees.